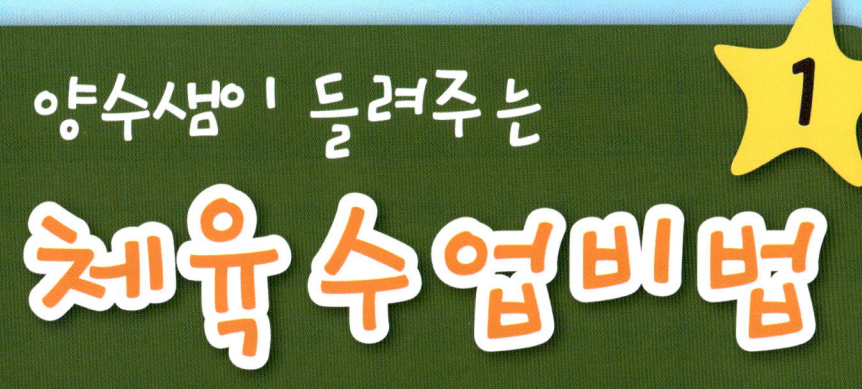

양수샘이 들려주는
체육 수업비법 ⭐1

글 김양수
그림 송지향

짝짓기와 그룹 정하기

준비운동

술래놀이

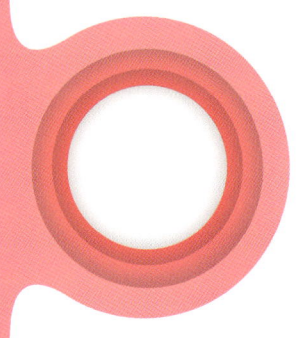

양수샘이 들려주는 체육수업 비법 ①

2014년 3월 18일 인쇄

2014년 3월 31일 발행

저　　자	김양수·송지향
펴 낸 곳	레인보우북스
주　　소	서울시 관악구 신림로 75 레인보우B/D
전　　화	02) 872-8151
팩　　스	02) 871-0935
전자우편	min8728151@naver.com
홈페이지	www.rainbowbook.co.kr
ISBN	978-89-6206-283-0　　94690
ISBN	978-89-6206-282-3　　(세트)

값 20,000원

* 잘못된 책은 구입처에서 교환하여 드립니다.

『양수샘이 들려주는 체육수업 비법 ①』 을 펴내며

참으로 부족한 제게 또 다시 책을 쓰도록 허락하신 하나님께 먼저 감사를 드립니다.

교사에 첫발을 내딛었던 시절을 되돌아보니 부끄럽기만 한 일들이 참 많았습니다. 전날 마신 술이 채 깨지 않은 채 술 냄새를 풍기며 아이들 앞에 선 적도 있었고, 수업에 잘 집중하지 않는다는 이유로 아이의 얼굴을 슬리퍼로 때려 조폭 학부모에게 맞기도 했습니다. 수업 중 몰래 여학생을 때리다 들킨 남학생을 우산으로 내리치며 교육이라는 이름으로 폭력을 휘둘렀던 일까지……. 지난날들을 생각하면 지금도 아찔하기만 합니다.

아이들을 진심으로 사랑하는 마음도, 잘 가르치려는 의욕도 없었던 제가 이만큼 변할 수 있었던 것은 오직 하나님과의 만남 덕분입니다. 학창시절 친구들 앞에서 발표도 한 번 제대로 하지 못했던 자존감 낮은 저의 달란트를 사용하셔서 지금은 전국 단위 체육 연수와 강습회에서 하루 종일 마이크를 잡고 여러 선생님들과 나누게 하신 그 은혜에 감사함을 잊을 수가 없습니다.

하나님께서는 제가 더 낮은 마음으로 아이들을 섬기고, 더 겸손한 마음으로 선생님들께 다가가 예수님의 선한 영향을 끼치는 교사가 되길 원하신다고 믿고 있습니다.

『흥미·재미·의미가 넘치는 체육시간 만들기』 1, 2권이 발간된 후, 체육 수업에 활용할 수 있는 다양한 활동에 목말라 하시던 전국의 여러 선생님들께서 격려의 말씀을 많이 해 주셨습니다. 물론 좋은 평가만 있었던 것은 아니지만, 수업 현장의 다양한 경험이 담긴 두 권의 책에 선생님들께서 공감하셨기에 많은 사랑을 받은 것이라고 생각합니다.

새로운 시리즈의 책을 발간하기에 앞서 선생님들께 꼭 당부 드리고 싶은 것은 본 책에 제시된 다양한 체육 활동 아이템을 눈으로 이해하는 것보다 실제 연수나 강습회에 참여하셔서 직접 체험해 보고 느껴보아야 수업 현장에 바르게 적용할 수 있다는 것입니다. 아이들의 입장이 되어 뛰어보고, 움직여 볼 때, 선생님과 아이들의 특성, 학교의 여건 등을 고려하여 활동을 재구성할 수 있고, 실제 적용 시 발생할 수 있는 문제점에도 적절히 대처할 수 있을 것입니다.

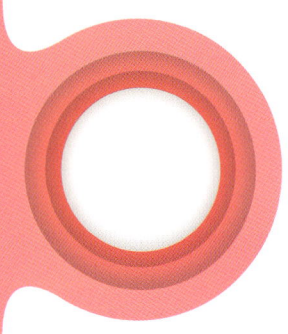

『양수샘이 들려주는 체육수업 비법 ①』시리즈는 기존『흥미·재미·의미가 넘치는 체육시간 만들기』발간 이후에 저자가 새로 알게 된 활동 아이템들과 기존의 아이템을 변형하여 새롭게 수업에 적용할 만한 활동들을 소개하고자 합니다. 특히 이 활동들이 체육 수업에서 효과적으로 적용되어 학생들의 신체 활동을 극대화하고 인성을 함양할 수 있도록 다양한 소스들을 제공하고자 노력하였습니다.

체육 수업을 사랑하고 고민하시는 전국의 여러 선생님들께서 활용하고 계신 '초등체육참사랑' 카페명도 본 책의 이름과 같이 '양수샘이 들려주는 체육수업 비법 ①'으로 변경하였습니다. 또한 본 책에 실린 활동들을 각각 촬영하여 실제 영상으로 볼 수 있도록 카페에 올리고 있으며, 직접 현장 연수에 참여하신 선생님들에 한하여 동영상을 열람할 수 있는 권한을 드릴 예정이니 참고하시기 바랍니다.

이 책이 나올 수 있었던 것은『흥미·재미·의미가 넘치는 체육시간 만들기』에 이어 전적으로 참여해주신 송지향 선생님 덕분입니다. 이 많은 빚을 어떻게 갚아나가야 할지 걱정이지만 이 역시도 하나님이 연결해 주셨기에 하나님이 갚아주시리라 믿고, 이 지면을 활용해 한 번 더 감사의 말씀을 전하고 싶습니다. 그리고 수많은 체육 수업 아이템을 나누어 주신 스포타임 권혁용 이사님께도 진심으로 감사하다는 말씀을 드립니다.

아빠의 사랑과 관심이 가장 필요한 시기임에도 연수와 강습회 등을 이유로 아빠의 자리를 지키지 못한 미안함과 그럼에도 불구하고 힘껏 응원해 준 사랑하는 아내 현희, 멋진 아들 동명, 예쁜 딸 주혜, 사랑하는 어머니, 아버지께 진심으로 감사한 마음을 전합니다.

『양수샘이 들려주는 체육수업 비법 ①』시리즈가 체육수업에 고민과 걱정을 안고 있는 여러 선생님들께 또 하나의 성공적인 체육수업을 위한 디딤돌이 되길 바라며……

2014. 3.

1권에는 어떤 내용이 담겨 있나요?

1. 소외감 zero, 다양한 짝짓기와 그룹 정하기

신체놀이 활용 수업이나 체육 수업에서는 짝을 짓거나 그룹을 나누어 활동하는 경우가 많습니다. 이때 대부분의 학생들은 자신이 원하는 친구들과 짝이나 그룹을 지으려 하고 이로 인해 학급에서 소외되는 학생들은 짝을 이루지 못하고 홀로 남아 활동 전부터 마음에 상처를 입는 경우가 많습니다. 이에 색다른 짝짓기와 그룹 정하기 방법을 10가지 제시합니다. 짝짓기나 그룹 정하기 방법을 바꾸는 것은 사소해 보이지만 누구나 즐겁게 활동에 참여할 수 있도록 배려하는 체육 수업의 시작이 될 것입니다.

2. 시작이 반, 재미있는 준비운동

선생님께서는 체육 수업을 시작할 때 어떤 준비운동을 하게 하시나요? 운동장 두 바퀴, 국민체조, 청소년 체조로만 몸을 풀게 하고 있지는 않으신가요? '시작이 반이다.'라는 말처럼 수업의 도입 단계인 준비운동에서 학생들의 흥미를 이끌어낸다면 성공적인 체육 수업에 한 발짝 가까이 다가갈 수 있을 것입니다. 본 활동에 대한 학생들의 기대감을 UP 시켜줄 재미있는 준비운동 22가지를 살펴보고 실천해 보시기 바랍니다.

3. 마음껏 뛰며 하나되는, 신나는 술래놀이

『흥미・재미・의미가 넘치는 체육 시간 만들기 ①』에서 이미 여러 술래놀이가 소개되었지만 술래놀이만이 가진 장점과 매력들이 많아 본 책에서도 가장 많은 지면을 할애하여 소개하게 되었습니다.

술래놀이는 그 특성 상 초등과 중등 모두에서 수준에 큰 영향을 받지 않으면서 모두가 즐겁게 참여할 수 있고, 짧은 시간 안에 많은 운동 효과를 낼 수 있다는 장점이 있습니다. 특히 전략형 술래놀이를 운동장에서 팀 대항으로 즐기게 하면 체력을 거의 소진할 만큼 큰 운동량을 기대할 수 있습니다. 또한 아웃된 친구를 구해주면서 협력과 배려의 마음도 기를 수 있고, 학교의 다양한 교구와 시설을 폭넓게 활용할 수 있습니다.

본 책에서는 재미있는 술래놀이, 협력과 배려의 마음을 키울 수 있는 술래놀이, 학교의 교구와 시설을 활용한 술래놀이, 팀 대항으로 이루어지는 전략형 술래놀이로 나누어 총 40가지를 소개하였습니다.

2권에는 어떤 내용이 담겨지나요?

1. 부담 없는 달리기, 협력하는 릴레이

『흥미·재미·의미가 넘치는 체육 시간 만들기 ①』에서 다루었던 달리기와 릴레이 활동을 더 부담 없이 서로 협력하며 즐겁게 할 수 있는 방법에 대해 자세히 나누어 보고자 합니다.

2. 반을 하나로, 합반 체육 프로그램

반 친구 모두가 우리는 하나라는 일체감을 갖게 되고, 여러 반이 함께 할 수 있는 신나는 체육 활동에 대해 나누어 봅니다.

3. 창의적인 단체경기로, 색다른 운동회

학교마다 봄 또는 가을에 이루어지는 운동회에서 활용할 수 있는 단체종목 프로그램들과 운동회에 대한 여러 생각을 나누어 보고자 합니다.

소외감 zero, 다양한 짝짓기와 그룹 정하기

1_ 손가락 홀수 짝수   014

2_ 행운의 손길 따라   016

3_ 가위 바위 보 ABCD   018

4_ 신체부위 맞대기   020

5_ 같은 신호 다른 신호   022

6_ 가라사대 게임 그룹 정하기   025

7_ 네 코너   027

8_ 운동 친구 만나기   029

9_ 복합 그룹 짓기   032

10_ 트럼프 카드 그룹 정하기   034

II 시작이 반, 재미있는 준비운동

1_ 몸 따로 마음 따로 체조   038

2_ 도미노 체조   041

3_ 하나 뒤에 체조   044

4_ 스타점프   047

5_ 친구 무릎치기   050

6_ 친구 손잡고 발등 밟기   053

7_ 어느 손에 있을까?   056

8_ 중간에서 만나자!   059

9_ 등대지기 친구   062

10_ 돌고, 위로, 아래로, 통과   065

11_ VIP 술래   068

11-1_ 리무진 술래   071

11-2_ 풍차 술래   074

시작이 반, 재미있는 준비운동 II

- 12_ 하나 둘 셋 콩콩콩   077
- 13_ 투명 피구공 피하기   080
- 14_ 동그라미 친구 잡기   083
- 15_ 가위 바위 보 GO!   086
- 16_ 금, 은, 동메달   089
- 17_ 네 개의 코너   092
- 18_ 게와 다리   096
- 19_ 총과 방탄복   099
- 20_ 주사위 준비운동   102
- 21_ 트럼프카드 준비운동   105
- 22_ 창의적인 스트레칭   108

III 마음껏 뛰며 하나되는, 신나는 술래놀이

1_ 가위 바위 보 달려라! 　113

2_ 액션 가위 바위 보 　116

3_ 사냥 　120

4_ 너구리와 닭 　123

5_ 한 걸음 술래 　126

6_ 미운오리새끼 　129

7_ 공격자와 수비자 　132

8_ 짝지 가위 바위 보 술래 　135

9_ 외발 술래 　138

10_ 불가사리와 말미잘 　141

11_ 스파이 술래 　144

12_ 허수아비 술래 　147

13_ 쥬라기 공원 　150

마음껏 뛰며 하나되는, 신나는 술래놀이 III

14_ 삼겹살 술래 　　 154

15_ 도로와 골목 　　 157

16_ 톰과 제리 　　 160

17_ 뉴 알러뷰 술래 　　 163

18_ 변기 술래 　　 166

19_ 친구 이름을 불러라! 　　 170

20_ 스타일 술래 　　 173

21_ 쏠저와 닌자 　　 177

22_ 개구리 펄쩍 술래 　　 180

23_ 시한폭탄 술래 　　 183

24_ 얼음 도깨비 　　 186

25_ 후프 도망가! 잡아라! 　　 189

26_ 양을 지켜라! 　　 192

III

마음껏 뛰며 하나되는, 신나는 술래놀이

27_ 줄꼬리 밟기　　195

28_ 솜털공 하이, 로우　　198

29_ 마당 나온 병아리　　201

30_ 침몰하는 배　　204

31_ 접시콘 모자 술래　　207

32_ 트럼프 카드 술래　　210

33_ 정글짐 술래　　213

34_ 직진으로만 달려　　219

35_ 진치기 술래　　222

36_ 왕을 구해라!　　225

37_ 잡아라! 술래　　228

38_ 통일놀이 업그레이드　　231

39_ 코코 술래　　235

40_ 변형 카바디　　238

I

소외감 zero, 다양한 짝짓기와 그룹 정하기

1 손가락 홀수 짝수

나의 손가락 개수와 친구의 손가락 개수를 더하여 짝수 또는 홀수가 되는 친구와 짝을 지어 봅시다.

Ⅰ. 소외감 zero, 다양한 짝짓기와 그룹 정하기

이렇게 실시해요!

1) 교사: "하나, 둘, 셋!"을 외친다.

2) 학생: 손가락으로 1부터 5 사이의 숫자를 나타낸다.

2) 교사: "홀수!" 또는 "짝수!"라고 외친다.

3) 학생: 친구들의 손가락 숫자를 살펴보고 자신이 나타낸 손가락 개수에 더하여 짝수, 또는 홀수를 만들 수 있는 친구에게 이동해 손가락을 맞댄다. 예를 들어, 선생님이 "짝수!"라고 외쳤을 경우 짝이 든 손가락 수와 내 손가락의 수를 더해 짝수가 되도록 만나야 한다.

이건 기억해요!

✲ 손가락을 바꿀 수 없어요!

　선생님의 "하나, 둘, 셋!"과 동시에 손가락 숫자를 나타내고 이후에는 바꿀 수 없음을 사전에 지도한다.

✲ 짝을 이루었으면 그 자리에 빨리 앉아요!

　짝을 아직 만나지 못한 친구들이 서로를 빨리 파악할 수 있다.

✲ 이후에 이루어질 게임의 특성에 따라 동성 또는 이성끼리만 만나도록 제한할 수 있다.

2 행운의 손길 따라

1. 원 만들어 서고 눈 감기
2. 팔을 뻗고 손끝을 하늘로!
3. 세 바퀴 빠르게 돌기

다치지 않도록 천천히 이동해요!

눈을 감고 걷다가 처음 손이 맞닿은 친구와 짝이 되어 봅시다.

Ⅰ. 소외감 zero, 다양한 짝짓기와 그룹 정하기

이렇게 실시해요!

1) 전체 학생이 원형으로 선다.

2) 눈을 감고 제자리에서 세 바퀴를 돈다.

3) 팔을 앞으로 뻗고 손바닥을 펴 손끝을 하늘로 올려 세운 다음 앞으로 천천히 이동한다.

4) 눈을 감고 걸어 다니다 처음 손이 닿은 친구와 짝이 된다.

5) 짝을 이루었으면 눈을 뜨고 영역 밖으로 나와 나머지 친구들이 모두 짝을 이룰 때까지 기다린다.

이건 기억해요!

✱ 눈을 뜨면 안 돼요!

정직의 중요성을 사전에 지도해야 한다. 활동 사이에 눈을 떠 자신이 좋아하는 친구와 만나려는 학생이 있을 수 있다.

✱ 영역 안쪽에서 이동할 수 있도록 도와주세요!

눈을 감고 이동하다보면 영역 밖으로 나갈 수 있다. 이 경우 교사가 몸의 방향을 영역 안쪽으로 바꿔준다.

✱ 뛰면 안 돼요!

서로 충돌하면 다칠 수 있으므로 천천히 걷도록 지도한다.

양수샘이 들려주는 체육수업 비법 ①

3. 가위 바위 보 ABCD

넷이 모여 가위바위보!

가위바위보 등수에 따라 알파벳 정하기

1등	2등	3등	4등
A	B	C	D

같은 알파벳끼리 모이기

B! B!

C! C!

우리 A가 가장 먼저 모였네!

같은 알파벳끼리 4명 모이면 그 자리에 앉아 기다려요.

나와 같은 알파벳 친구와 만나봅시다.

Ⅰ. 소외감 zero, 다양한 짝짓기와 그룹 정하기

이렇게 실시해요!

1) 4명씩 만나게 한다.(대부분 친한 친구들과 만난다.)

2) 4명이 가위 바위 보를 해서 1등은 'A', 2등은 'B', 3등은 'C', 4등은 'D'로 정한다.

3) 손을 주머니에 넣거나 열중 쉬어 자세를 하게 한다.(손을 사용할 수 없게 한다.)

4) 돌아다니며 자신의 알파벳을 외친다.

5) 같은 알파벳끼리 4명이 모이면 그 자리에 앉아 다른 친구들이 그룹을 이룰 때까지 기다린다.

이건 기억해요!

✤ 다른 친구의 말을 잘 들어야 해요!

자신의 알파벳만 크게 외치면 다른 친구가 외치는 알파벳을 들을 수 없으므로 다른 친구들의 말에도 귀를 기울여야 한다.

✤ 말하지 못하게 할 수 있어요!

손뿐 아니라 말을 하지 못하게 하면 몸짓을 이용하거나 발로 그리는 등의 표현으로 자신의 알파벳을 알리게 되며, 그룹을 이루지 못할까봐 평소 친하지 않던 친구와도 적극적으로 만나게 하는 효과가 있다.

3. 가위 바위 보 ABCD

4 신체부위 맞대기

가까이 있는 친구들과 신체부위 맞대고 서기

등, 발끝 그밖에

손끝, 하이파이브, 하이 텐, 무릎, 팔꿈치, 머리, 어깨, 발바닥 등

선생님의 지시를 잘 듣고, 재빨리 친구들과 모여 신체 부위를 맞대어 봅시다.

I. 소외감 zero, 다양한 짝짓기와 그룹 정하기

이렇게 실시해요!

1) 교사가 친구와 함께 마주 댈 신체부위와 만나야 할 인원수를 불러주고, "하나, 둘, 셋!"을 외친다.
   예〉 "등 3명, 하나 둘 셋!", "발끝 6명, 하나 둘 셋!" 등

2) 학생들은 인원수에 맞춰 친구들과 신체부위를 대고 만난다.

3) 그룹을 이루었으면 한 쪽으로 나와 앉아 기다린다.

이건 기억해요!

✤ 빨리 모여야 그룹이 될 수 있어요!

"하나, 둘, 셋!" 신호가 끝나자마자 그룹을 이루게 되므로 멀리 단짝이 있더라도 가까이에 있는 덜 친한 친구와 자연스럽게 그룹을 이루게 하는 효과가 있다.

✤ 다양한 신체 부위를 활용해 보세요!

손끝, 한 손바닥치기(하이파이브), 두 손바닥치기(하이 텐), 악수, 발끝, 무릎, 팔꿈치, 머리, 어깨, 발바닥, 엉덩이 등이 있다.

✤ 새롭게 만난 친구들은 서로 인사를 나누게 해요.

짝이나 그룹을 짓고 나면 그 친구들과 반갑게 인사를 나누고 짧게 자기소개를 하도록 규칙을 정해도 좋다.

양수샘이 들려주는 체육수업 비법 ①

5 같은 신호 다른 신호

눈을 감고 신호를 만들어 봐요. 자, 이제 눈을 뜨고 나와 같은 신호, 다른 신호를 한 친구를 만나볼까요?

Ⅰ. 소외감 zero, 다양한 짝짓기와 그룹 정하기

이렇게 실시해요!

1) 학생: 자유롭게 선 상태에서 모두 눈을 감는다.

2) 학생: 팔로 가슴에 O 또는 ×를 표시한다.

3) 교사: "같은 신호!" 또는 "다른 신호!"라고 외친다.

4) 학생: 눈을 뜨고, 나와 같거나 다른 신호를 만든 친구를 만난다.
   예〉 교사가 "다른 신호!"라고 외쳤다면 나와 다른 신호를 만든 친구를 만나야 한다.

이건 기억해요!

✡ 한 번 만든 신호는 바꾸지 않아요!
　학생들이 팔로 표시한 것을 이후에 바꾸지 않도록 사전 지도한다.

✡ 이렇게 바꿔 봐요!
　친구: 양 팔을 좌우로 내밀어 반가운 친구를 만났을 때 흔드는 동작("헤이!")
　음식: 두 손으로 자신의 배를 위 아래로 만지는 동작("흐음~" 배불러 만족하는 소리내기)

수치감이나 상처를 덜 주기 위한 짝짓기 Tip

짝을 짓거나 그룹을 정할 때 짝을 먼저 지은 학생들은 그 자리에 앉도록 한다. 이 때, 짝을 이루지 못한 학생이 눈에 띄게 되는데 교사는 재빨리 그 학생 옆으로 다가가 짝이 되어 주거나 남은 친구들과 그룹을 지어준다.

학기 초에 새로운 친구를 아직 사귀지 못하여 짝이나 그룹을 쉽게 이루지 못하는 학생들은 "도와주세요!" 또는 "삐뽀 삐뽀!"라고 말하게 할 수 있다. 도움을 요청한 학생을 먼저 데려가는 그룹에게 적절한 보상을 주면 학생들이 적극적으로 이 친구를 모셔가도록 유도할 수 있다. 교사가 이를 제안할 때에도 "어느 그룹에서 이 친구를 데려갈까?"라고 하기보다는 "어느 그룹에서 이 친구를 모셔갈까?"라고 묻는다면 그룹에 새롭게 들어가는 학생이나 그 친구를 데려가는 그룹 모두 기분 좋게 활동을 시작할 수 있을 것이다.

Ⅰ. 소외감 zero, 다양한 짝짓기와 그룹 정하기

6 가라사대 게임 그룹 정하기

선생님의 지시를 잘 듣고 "가라사대"가 붙은 지시를 따라해 보세요.
"가라사대, ( )명 모여!"라는 지시가 들리면 재빨리 친구들과 모여 봅시다.

이렇게 실시해요!

1) 학생: 선생님의 지시어를 잘 듣고 따라하되, "가라사대"라는 말이 들어가면 행동으로 옮기고, "가라사대"라는 말이 들어가지 않으면 움직이지 않는다.

2) 교사: "가라사대"라는 말이 들어갔는데 조금이라도 늦게 행동했거나, "가라사대"가 들어가지 않았는데 움직이거나 움찔거린 학생도 탈락시켜 엄격하게 게임을 진행한다.

3) 교사: 가라사대 게임을 5회 정도 실시하다가 그룹을 만드는 지시어를 말한다.
   예〉 "가라사대, 5명 모여!"
   "가라사대, 남학생 두 명, 여학생 두 명 모여!"

이건 기억해요!

✢ **게임을 통해 자연스럽게 그룹을 만들 수 있어요!**

"가라사대"는 학생들에게 인기가 많은 게임으로 그룹 짓기 뿐 아니라 준비운동과 연계하여 활용할 수 있다.

✢ **이렇게 바꿔 봐요!**

'가라사대' 지시어 대신에 '지금부터'라고 바꾸어 실시해본다.

Ⅰ. 소외감 zero, 다양한 짝짓기와 그룹 정하기

7 네 코너

 친구들과 가위 바위 보를 하여 같은 등수끼리 정해진 코너에서 만나 봅시다.

이렇게 실시해요!

1) 교사: 수업 장소에 네 개의 코너를 정한다.(운동장이라면 라인기로 원을 그려 놓고, 체육관이라면 콘을 세워 표시한다.)

2) 학생: 네 명씩 모여 가위 바위 보로 1~4등까지 순위를 정한다.

3) 교사: 네 코너마다 1등부터 4등까지의 순위를 정하여 학생들이 자신의 순위에 맞게 이동하도록 안내한다.

4) 학생: 코너에서 만난 친구와 그룹이 된다.

이건 기억해요!

❋ 어떤 친구와 그룹이 될지 예상할 수 없어요!

　어느 코너가 1등이고 4등이냐는 중요하지 않다. 학생들이 평소에 함께 해보지 않던 친구와 만나게 하는 것이 포인트다.

❋ 코너 이름을 바꿔 보세요!

　예〉 계절 : 봄, 여름, 가을, 겨울
　　　구기 운동 : 축구, 야구, 농구, 배구
　　　EPL(잉글랜드 프로축구 팀) : 첼시, 맨체스터, 리버풀, 아스널 등

8 운동 친구 만나기

체육 활동이나 스포츠 종목에서 두 가지 동작을 정해 봅시다. 눈을 감고 동시에 동작을 취해 봅시다. 눈을 떠 같은 동작을 하고 있는 친구와 만나요!

양수샘이 들려주는 체육수업 비법 ①

이렇게 실시해요!

1) 교사: 야구의 땅볼 잡는 자세와 플라이 볼 잡는 자세를 시범을 보인다.

2) 학생: 모두 눈을 감는다.

3) 학생: 교사의 "하나 둘 셋!" 신호를 듣고 땅볼 잡는 자세와 플라이 볼 잡는 자세 중 한 가지 동작을 한다.

4) 교사: 학생들을 눈 뜨게 하고 같은 동작을 한 친구끼리 만나게 한다. 두 팀으로 나눌 때에는 '땅볼' 자세 팀과 '플라이 볼' 자세 팀으로 나눌 수 있다.

이건 기억해요!

❋ 사전에 어떤 동작을 할지 친한 친구와 정하면 안되요!

학생들 사이의 간격을 넓게 서도록 하여 그룹을 정하기 전에 미리 약속하지 않도록 한다.

❋ 동작을 다양하게 변형해 봐요!

축구의 킥과 헤딩, 배구의 토스와 스파이크, 농구의 피벗과 슛 동작, 수영의 자유형 동작과 배영 동작 등으로 변형하여 실시할 수 있다.

I. 소외감 zero, 다양한 짝짓기와 그룹 정하기

가위 바위 보로 운을 활용해 팀을 나눠보는 것은 어떨까요?

하나. 친구와 가위 바위 보 나누기

운동기능이나 체력 조건이 비슷한 친구끼리 만나 가위 바위 보로 이긴 팀과 진 팀으로 나누기

둘. 같은 가위 바위 보와 다른 가위 바위 보

모둠장끼리 가위 바위 보를 하여 서로 같은 것을 낸 모둠장이나 다른 것을 낸 모둠장끼리 팀 이루기. 이때에는 서로 담합할 수 있기 때문에 첫 번째 가위 바위 보로 하지 않고 선생님이 미리 정한 횟수 째의 가위 바위 보로 정하기

셋. 선생님과 가위 바위 보

각 모둠장이 선생님과 가위를 하여 선생님을 먼저 이긴 세 모둠이 한 팀이 되고, 나머지 세 모둠이 한 팀이 되게 하기

학생의 눈높이에 맞는 팀명 만들어 운영하기

방송에 나온 만화 캐릭터, 아이돌 그룹 등 학생들의 눈높이에 맞춘 팀 명을 정해 운영하기

예) 도라에몽 팀/짱구 팀, 라바 팀/ 뽀로로 팀
    엑소 팀/샤이니 팀, 씨스타 팀/에이핑크 팀 등

9 복합 그룹짓기

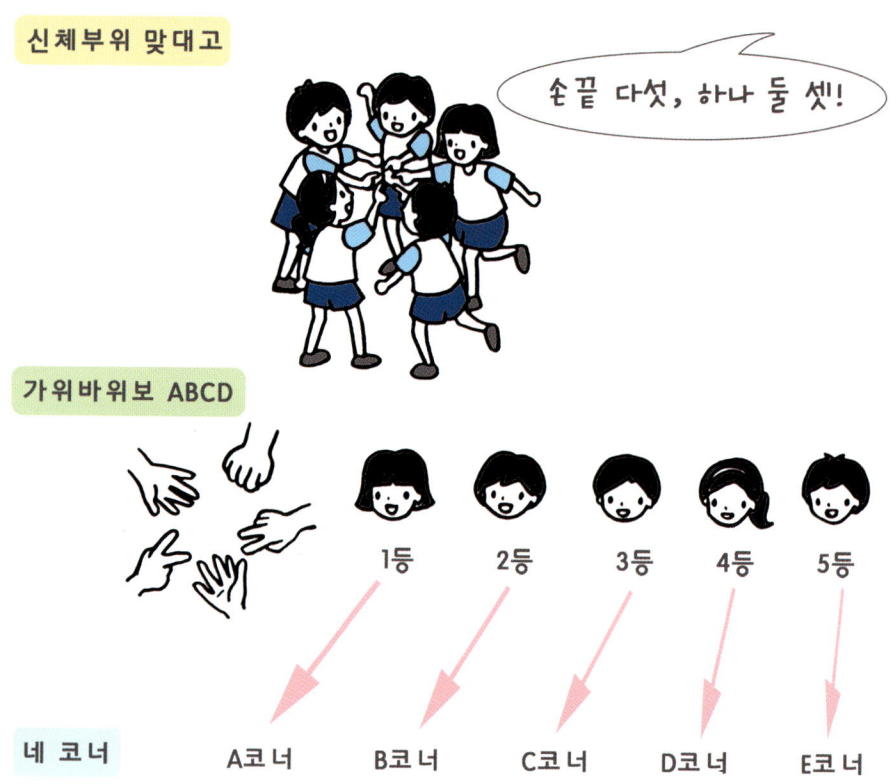

'가위 바위 보 ABCD', '신체부위 맞대고', '네 코너' 등의
짝 짓는 방법을 복합적으로 활용한 방법입니다.

Ⅰ. 소외감 zero, 다양한 짝짓기와 그룹 정하기

이렇게 실시해요!

1) '신체부위 맞대고' 방법을 활용해 다섯 명씩 손끝을 대고 만나게 한다.

2) '가위 바위 보 ABCD' 와 같이 다섯 명이 가위 바위 보를 해서 1등부터 5등까지 정한다.

3) '네 코너' 에서와 같이 미리 5개의 코너를 정해주고 같은 등수끼리 같은 코너에서 만나 게 한다.

이건 기억해요!

✽ 같은 교구를 잡은 친구끼리 만나게 할 수 있어요!

코너별로 이동하는 대신에 교구마다 번호를 정해주고 그 교구를 잡고 같은 등수끼리 만나게 해도 좋다. 예를 들어 1등은 공, 2등은 접시콘, 3등은 후프, 4등은 빈백, 5등은 원마커 등을 잡고 같은 교구를 든 친구끼리 만난다.

✽ 코너는 이렇게 표시해요!

코너는 라인기로 원을 그려놓거나 콘 등을 세워두고 콘 폴더에 코너 명을 작성해 끼워 두면 찾기에 용이하다.

✽ 콘 폴더를 활용하면 편리해요! (92페이지 참고)

콘 폴더는 양쪽 면에 글씨나 그림 등으로 표현해 콘에 끼워 코너 활동 시 활동을 제시하거나 화살표를 끼워 이동방향을 안내하며 준비운동, 순환활동 시에 유용하게 활용할 수 있는 수업보조 교구이다.

10 트럼프 카드 그룹 정하기

교사가 그룹 지을 인원수와
트럼프 카드의 모양이나 숫자 중 같은 것끼리 만나도록 지시해요!

자, 뒤집어 놓인 트럼프 카드들이 보이나요? 한 장씩 잡아 같은 모양이나 같은 숫자 카드를 갖은 친구들끼리 만나 봅시다!

I. 소외감 zero, 다양한 짝짓기와 그룹 정하기

이렇게 실시해요!

1) 교사: 트럼프 카드를 바닥에 뒤집어 깔아 놓는다.

2) 학생: 각자 한 장의 카드를 잡는다.

3) 교사: "○명, ○모양!" 또는 "○명, 숫자○"와 같이 그룹을 만들 인원수와 만나는 기준을 정해준다.

4) 학생: 자신의 모양이나 숫자를 외쳐 같은 친구끼리 만난다. 모인 친구들끼리 그 자리에 앉아 그룹을 만들었음을 알린다.

이건 기억해요!

✲ 말을 하지 못하게 해 봐요!

  말 대신 몸으로 표현하여 같은 모양이나 같은 숫자 친구들을 만나게 한다.

✲ 짝을 정할 때도 활용할 수 있어요!

  두 세트의 트럼프 카드를 뒤집어 놓고, 숫자와 모양이 모두 같은 카드를 잡은 친구끼리 짝이 되게 할 수 있다.

✲ 실내에서 활용하는 것이 적절해요!

  야외에서 할 경우 카드에 흙이 묻거나 바람에 카드가 날릴 수 있으므로 실내 활동으로 적절하다.

선생님만의 짝짓기나 그룹 정하기 방법을 메모해 두세요.

시작이 반,
재미있는 준비운동

양쌤이 들려주는 체육수업 비법 ①

1 몸 따로 마음 따로 체조

적용 학년	초·중·고	준 비 물	없음
장　소	실내·외	준　비	체조 대형으로 서기

처음에는 손과 팔 동작만! 익숙해지면 제자리에서 뛰면서 해 봐요!

하나　둘　셋　넷　다섯　여섯　일곱　여덟

둘　둘　셋　넷　다섯　여섯　일곱　여덟

이렇게 바꿔봐요!

두 발을 모아 좌우로 뛰면서 하기

두 발을 모아 상하로 뛰면서 하기

두 발을 모아 다이아몬드(상하좌우) 뛰면서 하기

박자에 맞춰 즐겁게 따라 해 봅시다.
단순하면서도 누구나 즐겁게 참여할 수 있는 준비운동이랍니다.

이렇게 실시해요!

1) 선생님과 전체 학생들이 마주보고 자유롭게 선다.

2) 처음에는 그림과 같이 뛰지 않고, 손과 팔 동작만 연습한다.

3) 학생들이 손과 팔 동작에 익숙해지면 발로 뛰는 동작도 함께 실시한다.

양수샘이 들려주는 활동 Tip

✵ 구령을 외쳐요!

　연습을 할 때 입으로 호간("하나 둘 셋 넷…")을 외치도록 하면 동작을 쉽게 익히는데 도움이 된다.

✵ 선생님의 연습이 중요해요!

　그림과 같이 학생들은 왼팔부터 시작할 때, 교사는 오른팔부터 실시하여 학생들에 혼동이 없도록 한다. 시범을 보이기 전에 선생님의 충분한 연습이 선행되어야 하며, 대표 학생이 시범을 보이도록 사전에 지도하여 운영할 수 있다.

✵ 선생님이 잘 보이는 곳에서 실시해요!

　키가 큰 고학년을 대상으로 실시할 경우 모든 학생들이 교사를 잘 볼 수 있도록 조회대 위나 체육관 무대 등에서 시범을 보이는 것이 좋다.

✵ 틀려도 괜찮아!

　준비운동이므로 동작이 좀 틀리더라도 부담을 갖지 않고 실시하도록 편안한 분위기를 조성해야 한다.

 바꾸면 더 재미있어요!

1) 모둠발로 좌우로 뛰며 하기에 도전한다.

2) 모둠발로 상하로 뛰며 하기에 도전한다.

3) 모둠발로 다이아몬드(상하좌우) 뛰며 하기에 도전한다.

Ⅱ. 시작이 반, 재미있는 준비운동

2 도미노 체조

적용 학년	초·중·고
장 소	실내·외
준 비 물	없음
준 비	원 대형으로 서기

모두 한 가지 체조를 생각해 놓아요. 한 명씩 돌아가며 체조를 보여주면 다른 친구들이 따라하며 이어 가는 준비운동입니다.

양수샘이 들려주는 체육수업 비법 ①

이렇게 실시해요!

1) 학생: 원형으로 서되 체조를 할 수 있는 간격으로 넓게 선다.

2) 교사: 학생들에게 국민체조, 국민건강체조 등 알고 있는 체조 동작 중 한 가지를 미리 생각해 놓도록 안내한다.

3) 학생: 체육부장 또는 반장부터 왼쪽(시계방향)으로 돌아가면서 실시한다. 교사의 시작 신호에 제자리에서 양발을 모아 '콩! 콩! 콩! 콩!'(4박자) 뛴다. 4박자 뛰기가 끝나면 첫 번째 시범 학생이 자신이 생각한 체조를 8박자 동안 실시한다. 나머지 학생들은 체조 동작을 지켜보고 있다가 나머지 8박자를 모두 함께 따라한다. 이 때, 둘 둘 셋 넷....과 같이 모두 함께 구령을 외친다.

4) 학생: 두 번째 시범 학생이 바로 다른 동작을 8박자에 맞춰 실시하면 나머지 학생들이 따라 하는 것을 반복한다.

5) '콩! 콩! 콩! 콩!' 4박자로 양발 모아 뛰기는 학생들이 긴장을 풀게 하는 준비 박자이므로 첫 시범 학생이 실시할 때에만 하고 두 번째 시범 학생부터는 준비박자 없이 바로 실시한다.

양수샘이 들려주는 활동 Tip

✽ **왼쪽, 오른쪽 동작을 나누어 실시해요!**

팔이나 다리 운동과 같이 왼쪽, 오른쪽 동작을 따로 실시하는 체조인 경우 시범 학생은 왼쪽 동작을 보여준 후, 모두 함께 오른쪽 동작으로 따라하도록 한다.

✽ **첫 번째 시범은 부담이 되요!**

첫 번째 시범에는 적극적이고 자신감이 있는 학생을 지명하거나 교사가 시범을 보이는 것이 좋다.

 바꾸면 더 재미있어요!

1) 친구가 시범 보이는 동작이 알고 있는 동작이라면 친구와 함께 따라 하는 것을 허용한다.

2) 국민체조나 청소년체조, 국민건강체조 등을 학생들이 배우고 있는 중이라면 순서대로 한 동작씩 시범을 보이고 함께 따라하도록 응용한다.

양수샘이 들려주는 체육수업 비법 ①

3. 하나 뒤에 체조

적용 학년	초·중
장 소	실내·외
준 비 물	없음
준 비	체조 대형

선생님의 손이 짚는 위치를 잘 기억했다가 하나 뒤에 짚어 보세요!

바꾸면 더 재미있어요! 8박자 국민민체조로 하나 뒤에 체조 하기

선생님: 제자리 걷기 - 숨쉬기 운동 - 다리 운동 - 팔 운동 - 목 운동 - 가슴 운동 - 옆구리 운동 - 등배운동 ...

학생: 제자리 걷기 - 숨쉬기 운동 - 다리 운동 - 팔 운동 - 목 운동 - 가슴 운동 - 옆구리 운동 ...

이번 준비 운동은 집중력이 필요하답니다.
선생님이 하는 동작을 잘 보고 한 박자 뒤에 따라해 보세요!

Ⅱ. 시작이 반, 재미있는 준비운동

이렇게 실시해요!

1) 교사가 체조 동작을 할 때 학생들이 어떤 동작을 했는지 기억했다가 교사가 다음 동작을 할 때 이전 동작을 따라하게 하는 방법이다.

예〉	교 사	학 생
	- 한 손으로 머리를 짚는다.	- 머리를 짚는 동작을 기억한다.
	- 한 손으로 옆구리를 짚는다.	- 한 손으로 머리를 짚으며 옆구리 짚는 동작을 기억한다.
	- 한 손으로 무릎을 짚는다.	- 한 손으로 옆구리를 짚으며 무릎 짚는 동작을 기억한다.
	…	…

양수쌤이 들려주는 활동 Tip

✤ 구령을 외쳐요!

교사가 호각을 불어 주거나 "하나 둘 셋…" 구령을 외치도록 하면 동작을 바꾸는 타이밍을 맞추는데 도움이 된다.

✤ 선생님과 같은 방향!

마주보고 있는 선생님과 같은 방향으로 따라하도록 한다.

바꾸면 더 재미있어요!

1) 스트레칭 체조를 할 때 활용해 보자. 자칫 심심할 수 있는 스트레칭을 '하나 뒤에 체조'로 실시하면 학생들이 동작 하나 하나에 집중하며 진지하게 참여하는 모습을 볼 수 있다.

2) '하나 뒤에 체조'에 국민체조를 적용한다면 16호간보다는 8호간으로 줄여서 실시하는 것이 적절하다. 이 때 팔, 다리 운동과 같이 왼쪽, 오른쪽을 각각 실시하는 동작은 양쪽을 4호간씩 나누어 실시한다.

3) '둘 뒤에 체조', '셋 뒤에 체조' 등으로 발전시킬 수 있다.

4. 스타점프

적용 학년	초·중·고	준비물	없음
장 소	실내·외	준 비	체조 대형

3-6-9 버전

하나 둘 셋, 하나! ― 하나 둘 셋, 둘! ― 하나 둘 셋, (침묵)! ―
하나 둘 셋, 넷! ― 하나 둘 셋, 다섯! ― 하나 둘 셋, (침묵)! ...

3-6-9 업그레이드

(침묵)(침묵)(침묵), (침묵)! ― (침묵)(침묵)(침묵), (침묵)! ―
하나 둘 셋, 셋! ――――― (침묵)(침묵)(침묵), (침묵)! ―
(침묵)(침묵)(침묵), (침묵)! ― 하나 둘 셋, 여섯! ...

'팔 벌려 높이뛰기' '일명 P.T. 체조'에 다른 이름을 붙일 수는 없을까요? 팔을 옆으로 벌렸다가 머리 위로 들면서 뛰는 모습이 별의 반짝이는 모양과 닮았으니 '스타점프' 어떨까요?

양수샘이 들려주는 체육수업 비법 ①

이렇게 실시해요!

1) 기본: "하나-둘-셋, 하나!", "하나-둘-셋, 둘!" 하고 숫자를 세면서 실시한다.

2) 변형1(3-6-9): '셋, 여섯, 아홉, 열둘…'과 같은 3의 배수에는 숫자를 외치지 않는다.

3) 변형2(3-6-9 업그레이드): 변형1과 반대로 3의 배수에서만 숫자를 외치고, 나머지 횟수에서는 숫자를 외치지 않고 실시하게 한다.

양수샘이 들려주는 활동 Tip

✠ **구령이나 호각 신호는 선생님이나 참관학생이 해줘요!**

'하나 둘 셋'을 넣는 구령이나 호각은 선생님이나 몸이 불편해 수업을 참관하는 학생이 해준다.

✠ **큰 소리로 외쳐요!**

3-6-9 스타점프를 하면 틀릴까봐 숫자를 무조건 작게 말하거나 말하지 않는 학생이 있을 수 있다. 큰 목소리로 숫자를 세지 않으면 무효라는 규칙을 사전에 안내한다. 단, 틀린 학생이 있더라도 그 학생이 주목받지 않도록 다음 순서로 빠르게 진행하는 것이 좋다.

✠ **성공했을 때는 칭찬이나 보상을 해 주세요!**

목표하는 횟수까지 틀린 친구 없이 성공했을 경우 모둠이나 서 있는 줄 단위로 칭찬과 보상을 해준다고 약속하면 더 집중하게 된다. 이때에는 틀린 학생에게 원망이나 야유를 보내지 않도록 교사가 재치 있게 다음 순서로 넘어가거나 참가자 전원을 격려하는 등 세심한 배려가 요구된다.

✠ 홀수나 짝수만
짝수만 숫자를 크게 세고, 홀수는 숫자를 세지 않게 하는 방법이다.

✠ 발만 다르게
팔을 원래 방법대로 실시하고, 발은 좌우로 벌리고 모으며 뛰던 방법에서 앞뒤로 벌리고 모으면서(가위 바위 뛰기)뛰도록 바꾼 방법이다.

✠ 회전 20개
기본 방법대로 실시하되 뛴 횟수가 5개가 될 때마다 왼쪽 방향으로 90도씩을 회전하는 방법이다. 20개를 실시하면 한 바퀴를 돌아 원래 위치로 오게 된다.

✠ 침묵 10개
모두 함께 10개를 실시하는데 숫자를 세지 않으며, 10개가 끝나는 동시에 세로나 가로 줄로 서서 실시한 모둠원 전체가 성공했을 때 칭찬해 준다.(한 명이라도 손이 올라가거나 숫자를 말하면 실패한다.)

5. 친구 무릎치기

적용 학년	초·중·고	준비물	없음
장소	실내·외	준비	짝과 마주 서기

친구의 손이 내 무릎을 먼저 치지 않도록 방어하면서
친구의 무릎을 쳐야 이기는 순발력이 요구되는 게임입니다.

Ⅱ. 시작이 반, 재미있는 준비운동

이렇게 실시해요!

1) 둘씩 짝을 짓는다.

2) 자세를 낮추고 자신의 무릎을 방어하면서 짝의 무릎을 먼저 쳐야 이긴다.

3) 3-4회 실시 후 짝과 서로 왼손을 맞잡고 오른손으로만 무릎치기 게임으로 변형하여 실시해 본다.

양수샘이 들려주는 활동Tip

✠ '검지 펜싱' 어때요?

오른손의 인지(두번째 손가락)을 제외한 나머지 손을 친구와 맞잡는다.
인지손가락을 친구의 몸에 먼저 대면 이기는 게임이다.

✠ 체격이 비슷한 친구끼리 짝을 지어 주세요!

왼손 맞잡고 무릎치기나 검지펜싱 게임은 체격이나 손의 악력이 많이 차이 나는 학생들이 서로 짝이 되지 않도록 조정한다.

✠ 안전에 유의해요!

상대의 무릎을 먼저 치려다가 몸끼리 충돌하지 않도록 사전에 주의시킨다.

양수샘이 들려주는 체육수업 비법 ①

바꾸면 더 재미있어요!

❈ 스카프 빼내기

두 명 모두 양쪽 허리춤에 스카프를 5cm정도 끼운다. 왼손을 맞잡은 상태에서 상대의 스카프를 먼저 빼내는 학생이 이긴다.

❈ 모자 벗기기

두 명 모두 모자를 쓰고 왼손을 맞잡은 상태에서 상대의 모자를 먼저 벗기는 학생이 이긴다.

II. 시작이 반, 재미있는 준비운동

6 친구 손잡고 발등 밟기

적용 학년	초·중·고	준 비 물	없음
장 소	실내·외	준 비	짝과 마주 서기

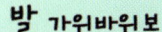

승부가 난 후 5초 이내에 이긴 사람은 진 사람의 발등을 한 번 밟을 수 있고 진 사람은 피할 수 있어요!

친구와 두 손을 잡고 "가위 바위 보!" 가위 바위보에 이기면 진 친구의 발등을 밟을 수 있어요. 진 친구는 재빨리 피해 봐요!

양수샘이 들려주는 체육수업 비법 ①

이렇게 실시해요!

1) 둘씩 짝을 짓는다.

2) 서로 두 손을 맞잡고 발로 가위 바위 보를 한다.

3) 가위 바위 보 승부가 나는 것과 동시에 이긴 사람은 진 사람의 발등을 한 번 밟는다. 이때 진 사람은 재빨리 피할 수 있다.

4) 가위 바위 보 승부가 나는 것과 동시에 3초를 세어 3초 동안에는 이긴 사람은 밟을 수 있고, 진 사람은 피할 수 있는 방법으로 진행할 수 있다.

양수샘이 들려주는 활동 Tip

❋ 가위 바위 보 없이 먼저 발 밟기로 변형해 봐요!

교사의 시작신호에 따라 상대의 발등을 내 발로 먼저 터치하는 게임으로 변형할 수 있다. 단, 세게 밟지 말고 상대 발등을 터치하는 수준으로 한다.

❋ 준비운동의 효과를 거두려면?

5판 3선승으로 게임을 이어서 실시하거나 30초 동안 상대 친구 발등 많이 밟기로 운영하는 것이 좋다.

 바꾸면 더 재미있어요!

1) 진 사람이 밟고 이긴 사람이 피하는 방법으로 변형한다.
   또한 비기면 아무나 먼저 밟아도 되는 규칙도 추가한다.

2) 손을 맞잡는 대신 서로 양 어깨를 두 손으로 잡고 실시한다.

양수샘이 들려주는 체육수업 비법 ①

7. 어느 손에 있을까?

적용 학년	초·중·고
장 소	실내·외
준 비 물	공깃돌이나 작은 돌
준 비	짝과 마주 서기

준비물 없이 운동장에 나갔는데 무얼 하지?
걱정 되는 순간, 두 명씩 짝을 지은 후 작은 돌 하나씩만 주워오면
준비운동 겸 게임으로 재미있게 할 수 있어요.

Ⅱ. 시작이 반, 재미있는 준비운동

이렇게 실시해요!

1) 두 명씩 짝을 지어 가위 바위 보를 한다.

2) 진 학생은 선생님이 준비한 공깃돌을 하나씩 받아오거나 운동장이라면 작은 돌(손을 움켜쥐었을 때 가릴 수 있는 크기) 하나를 주워온다.

3) 가위 바위 보를 한 번 더 하여 이긴 학생이 공깃돌의 새 주인이 된다.

4) 공깃돌을 가진 학생은 무릎을 높이 들며 제자리 걷기를 한다. 이때 두 손 중 한 손에 공깃돌을 숨긴다.

5) 가위 바위 보에서 진 학생은 공깃돌을 숨기는 학생의 주위를 두 바퀴 돈다.

6) 두 바퀴를 돌아 제자리에 왔으면 공깃돌이 어느 손에 있는지 알아맞힌다. 답을 맞히지 못했으면 다시 두 바퀴를 돌아 정답을 맞힌다. 정답을 맞힐 때까지 반복하다가 정답을 맞혔으면 역할을 바꾸어 실시한다.

양수샘이 들려주는 활동 Tip

✤ 운동 효과를 높여 봐요!

원마커를 준비하여 바닥 여기 저기에 깔아두고 공깃돌을 숨기는 학생이 원마커 위에서 걷다가 짝이 맞히지 못하면 그 때마다 다른 원마커로 이동하게 하여 숨기는 친구와 두 바퀴 도는 친구 모두 많이 활동하게 한다.

✤ 넓은 간격으로 서요!

다른 짝들과 부딪히지 않도록 충분한 공간을 확보한다.

양수샘이 들려주는 체육수업 비법 ①

바꾸면 더 재미있어요!

✤ 다른 짝을 돌아와요!

자신의 짝을 두 바퀴 도는 대신 다른 짝(제자리 걷기를 하며 공깃돌을 숨기고 있는 학생)을 돌고 제자리로 돌아와 자신의 짝이 공깃돌을 어느 손에 숨겼는지 알아맞히도록 할 수 있다. 이때에는 한 번 돌고 온 친구에게는 다시 갈 수 없고, 또 다른 친구를 돌고 오도록 해야 더 많은 활동을 하게 된다.

✤ 벽을 짚고 와요!

활동 공간이 실내라면 한 쪽 벽을 손으로 짚고 와서 알아맞히는 활동으로 응용한다. 이때에도 한 번 짚고 왔던 벽은 가지 못하고, 다른 쪽의 벽을 짚고 오도록 규칙을 정한다.

8. 중간에서 만나자!

적용 학년	초·중·고
장소	실내·외
준비물	라인기 또는 원마커
준비	두 명씩 짝짓기

두 명씩 짝을 지어 서로 마주 보고 10~15m 간격으로 서기

중간에서 만나 미션 수행하기

1단계: 워킹
2단계: 런닝
3단계: 스킵핑
4단계: 호핑
5단계: 점핑

여러 가지 이동 방법으로 짝과 중간에서 만나 봅시다.
인사 방법이 하나씩 추가되니 잘 기억해 보세요!

양수샘이 들려주는 체육수업 비법 ①

이렇게 실시해요!

✽ 두 명씩 짝을 지어, 10~15m 간격으로 양쪽 출발선에 마주 선다.

① 걷기(워킹)로 중간에서 만나 짝과 오른손 하이파이브를 하고, 다시 원래 출발선으로 되돌아온다.

② 가볍게 달리기(런닝)로 중간에서 만나 짝과 오른손, 왼손 하이파이브를 하고, 다시 원래 출발선으로 돌아온다.

③ 한 발로 거듭 뛰기(스킵핑)로 중간에서 만나 짝과 오른손, 왼손 하이파이브를 하고, 점프하여 하이텐(두 손바닥을 마주 치기)을 한 후 원래 출발선으로 돌아온다.

④ 한 발로 뛰어(호핑) 중간에서 만나 짝과 오른손, 왼손 하이파이브를 하고, 하이텐을 한 뒤, 한쪽 팔짱을 걸고 한 바퀴를 돈 다음 원래 출발선으로 돌아온다.

⑤ 두발을 모아 뛰어(점핑) 중간에서 만나 짝과 오른손, 왼손 하이파이브를 하고, 하이텐을 한 뒤, 한쪽 팔짱을 걸어 한 바퀴를 돌고 나서 엉덩이끼리 부딪친 후 원래 출발선으로 돌아온다.

양수샘이 들려주는 활동 Tip

✽ 짝이 출발했던 곳으로 가요!

원래 위치로 되돌아오는 대신 짝이 출발했던 곳으로 가도록 변형한다.

✽ 학기 초에 여러 가지 이동스텝을 지도해 보세요!

여러 가지 이동스텝을 지도해 두면 체육 활동에 유용하게 활용할 수 있다.

✣ 이야기를 늘려나가기

"슈퍼에 가면 과일도 있고" "슈퍼에 가면 과일도 있고, 생선도 있고"…

'슈퍼에 가면' 게임처럼 한 가지씩 이야기를 늘려가도록 해도 재미있다. 정해진 주제에 대하여 중간에서 친구와 만날 때마다 하나씩 이야기를 늘려나가는 방법이다.

✣ 친구와 여러 가지 운동하기

친구와 만나는 중간 지점에 후프를 하나씩 놓고, 운동을 하나씩 늘려가며 실시하도록 한다.

예〉 ① 가볍게 달리기로 중간지점에 있는 후프 안에 두 손을 대고 서로 엎드려 팔 굽혀 펴기 3개를 하고 돌아온다.

② 두 발을 모아 뛰는 점핑으로 가서 후프에 두 손을 대고 서로 엎드려 팔 굽혀 펴기를 3개하고, 후프 안에 한 발을 넣고 양 발 바꾸기를 6회 하고 돌아온다.

③ 한 발로 뛰는 호핑으로 가서 팔 굽혀 펴기와 발 바꾸기를 하고, 후프 안에 들어가 손을 맞잡고 앉았다 일어서기를 2회 한다.

9 등대지기 친구

적용 학년	초·중
장　　소	실내
준 비 물	없음
준　　비	짝과 등대고 앉기

짝과 등을 대고 앉아 있다가 선생님이 호명한 친구는 일어나 짝을 한 바퀴 돌아와야 하는 준비운동입니다.

이렇게 실시해요!

1) 둘씩 짝을 짓는다.

2) 짝과 등을 대고 바닥에 다리를 뻗고 앉는다.

3) 머리 위로 팔을 들어 가위 바위 보 하여 이긴 사람은 '하나', 진 사람은 '둘'로 정한다.

4) 선생님이 "하나!" 하고 외치면 '하나' 친구가 빠르게 일어나 다리를 뻗고 있는 '둘' 친구를 한 바퀴 돌아 다시 등을 대고 앉는다.

5) 선생님이 "둘!" 하고 외치면 '둘' 친구가 일어나 같은 방법으로 실시한다.

6) 불규칙적으로 '하나' 또는 '둘'을 불러주어 게임에 집중하도록 한다.

양수샘이 들려주는 활동 Tip

✻ 다리 위를 넘어가면 안 되요!

친구를 한 바퀴 돌 때는 다리 바깥으로 돌아가야 하며 다리 위로 넘어가지 않도록 한다.

✻ 본 게임 전에 등을 댄 상태에서 '톰과 제리', '이심전심' 게임으로 워밍업을 하면 좋다.

✻ 〈톰과 제리〉

가위 바위 보에서 이긴 학생('하나')은 '톰', 가위 바위 보에서 진 학생('둘')은 '제리'로 정한 다음 교사가 "하나 둘!" 하고 외치면 동시에 "샥!"이라고 말하며 고개를 한 쪽 방향으로 돌린다. 이 때 서로 같은 방향으로 고개를 돌렸으면 '톰'이 이기고, 다른 방향으로 돌렸으면 '제리'가 이긴다.

❈ 〈이심전심〉

'톰과 제리'와 같이 교사가 "하나 둘!" 하고 외치면 동시에 "샥!" 하고 고개를 돌린다. 이때 서로 같은 방향으로 돌렸다면 마음이 이심전심 통한 것으로 보아 '성공', 다른 방향으로 돌렸다면 '실패'라고 정한다. 3~4회 실시하여 한 번이라도 성공했다면 서로의 마음이 잘 통하는 것이라고 알려준다.

바꾸면 더 재미있어요!

❈ 등 대신 손을 마주대고 실시해요!

실외에서 실시할 때는 짝과 마주보고 두 팔을 앞으로 나란히 하여 서로의 두 손을 마주 대고 있다가 호명된 학생이 서 있는 학생을 한 바퀴 돌아 다시 두 손을 마주 대도록 변형할 수 있다.

❈ 운동량을 늘리려면?

호명된 학생이 두 바퀴를 돌게 하기
축구, 농구 수업과 연계하여 호명된 학생이 공을 손이나 발로 드리블하며 돌게 하기

❈ 하나(둘) 아래로 게임

기본 게임의 자세로 있다가 "하나 아래로!" 하면 '둘' 친구가 엎드려 몸 터널을 만들고, '하나' 친구는 몸 터널을 빠져나온 다음 두 명이 등을 대고 원래의 자세 만들기

❈ 하나(둘) 위로 게임

기본 게임의 자세로 있다가 "하나 위로!" 하면 둘에서 재빠르게 일어나 '둘' 친구가 허리를 숙여 발목을 잡으면, '하나' 친구가 '둘' 친구의 등을 두 손으로 짚고 등을 타 넘은 후 다시 등을 대고 원래의 자세 만들기

선생님의 반짝이는 아이디어를 메모해 보세요.

10. 돌고, 위로, 아래로, 통과

적용 학년	초·중·고	준 비 물	없음
장 소	실내·외	준 비	세 명씩 그룹 짓기

1. 한 바퀴 돌기 — 두 명은 보조자 / 한 명은 실시자
2. 두 팔 위로 넘어가기

3. 두 팔 아래로 지나가기

4. 두 팔 사이로 통과하기

역할 바꾸기

세 명이 돌아가며 서로 돌고, 위로, 아래로, 통과하며 협동심을 기르는 활동이랍니다.

양수샘이 들려주는 체육수업 비법 ①

이렇게 실시해요!

1) 세 명씩 그룹을 정한 후 두 명은 보조자, 한 명은 실시자가 된다.

2) 보조자 두 명이 양 손을 맞잡고 마주 선다. 실시 단계는 다음과 같다.

〈돌고〉 교사의 시작 신호에 따라 실시자는 보조자들을 한 바퀴 돈다.

〈위로〉 두 보조자가 제자리에 앉아 맞잡은 두 팔을 아래로 내리면 실시자가 그 위를 넘어간다.

〈아래로〉 두 보조자가 일어나 잡은 두 팔을 위로 들어주면 실시자가 그 아래로 지나간다.

〈통과〉 두 보조자가 제자리에 앉아 맞잡은 두 팔을 위 아래로 벌려 터널을 만들어주면 실시자가 터널 사이로 통과한다.

3) 네 단계를 모두 수행한 실시자는 보조자 중 한 명과 손을 맞잡고 나머지 보조자가 실시자가 되어 단계를 반복한다.

4) 세 명 모두 실시자가 되어 네 단계의 미션을 완료했으면 마주보고 한 손을 올렸다 내리면서 종료 구호를 외친다.

양수샘이 들려주는 활동 Tip

✠ 그룹 간에 간격을 넓게 서요!
그룹 간에 활동 공간을 확보해야 안전하게 게임을 즐길 수 있다.

✠ 흥, 재, 의 1권의 '소 외양간' 게임과 연계하여 실시할 수 있어요!

Ⅱ. 시작이 반, 재미있는 준비운동

바꾸면 더 재미있어요!

✴ **각 단계를 두 번씩 실시해요!**

보조자 주위 돌기 두 바퀴, 팔위로 넘어가기 두 번, 팔 아래로 지나가기 두 번, 두 팔 사이로 통과하기를 모두 두 번씩 하도록 변형한다.

✴ **순서를 바꿔 봐요!**

단계의 순서를 바꾸어 실시할 수 있다. 예를 들어 위로 넘고 아래로 지나간 후 통과하고 나서 한 바퀴를 돈다.

✴ **두 명이 할 수 있어요!**

보조자가 서서 스타점프를 두 번할 때, 실시자는 그 친구 주위를 한 바퀴 돈다. 이어서 보조자가 게 자세(배를 하늘 방향으로 하여 손과 발을 지면에 대기)하면 그 위를 실시자가 한 발씩 넘어간다. 보조자가 팔 굽혀 펴기 자세를 하면 실시자가 배 아래로 통과하며, 보조자가 일어서서 두 다리를 어깨 너비로 벌리면 그 사이를 실시자가 통과한다.

서로 손을 잡기 꺼려한다면 보조자인 두 사람이 스카프를 잡고, 나머지 한 친구가 그 주위를 돌고, 위로, 아래로, 통과하도록 한다.

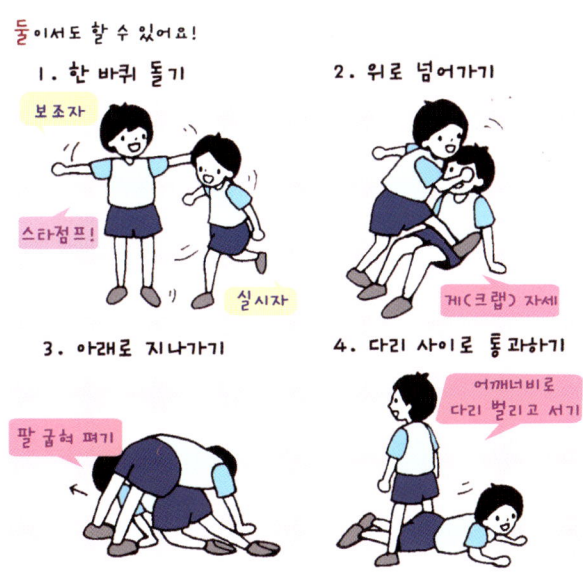

11 VIP 술래

적용 학년	초·중·고
장　　소	실내·외
준 비 물	없음
준　　비	네 명씩 그룹 짓기

1등 VIP
2등 보디가드
3등 보디가드
4등 술래(스토커)

"VIP를 지켜야해!"

술래가 이기는 경우
술래가 VIP를 태그했을 때
보디가드가 잡은 손을 놓쳤을 때

이렇게 바꿔봐요!
술래의 역할은 **30초**를 넘기지 않도록 해요!

VIP를 태그하려는 술래(스토커)로부터 두 명의 보디가드가 손을 잡고 움직이며 VIP를 지켜주는 준비운동입니다.

Ⅱ. 시작이 반, 재미있는 준비운동

이렇게 실시해요!

1) 네 명이 가위 바위 보 하여 1등은 VIP, 2-3등은 보디가드, 나머지 한 명은 술래(스토커)가 된다.

2) VIP의 양쪽에 두 명의 보디가드와 손을 잡고 원형으로 선다.

3) 시작 신호에 따라 술래는 손을 뻗어 VIP를 태그해야 한다. 보디가드는 술래로부터 VIP를 지키기 위해 양쪽으로 돌며 방어한다.

4) 이때, 술래는 VIP와 보디가드가 잡고 있는 팔 사이로 태그할 수 없으며, 양쪽 방향 중 한 쪽으로 돌아서 태그할 수 있다.

5) 다음의 경우 술래를 바꾼다.
   한 사람이 30초 동안 술래를 했을 때
   술래가 VIP를 태그했을 때
   VIP와 보디가드가 잡고 있던 손을 놓쳤을 때

양수샘이 들려주는 활동 Tip

✠ **영역을 제한할 수 있어요!**
   세 명이 손을 잡고 있는 원 안쪽에 접시콘이나 원마커를 놓아 바깥으로 벗어나면 태그된 것으로 규칙을 정할 수 있다.

✠ **그룹 간 간격을 넓게 서요!**
   돌면서 피하다가 원심력에 의해 넘어질 수 있으므로 활동 공간을 여유 있게 확보한다.

✠ **술래의 역할을 모두가 경험하게 해요!**

양수샘이 들려주는 체육수업 비법 ①

바꾸면 더 재미있어요!

✽ 바깥쪽을 바라보며 원을 만들어요!
    VIP와 보디가드들이 바깥쪽을 향해 손을 잡은 후 스토커를 피한다.

✽ 후프를 활용해요!
    VIP와 보디가드들이 손 대신 하나의 후프를 잡은 후 좌우로 돌면서 스토커를 피한다.

✽ 어깨동무를 해요!
    모둠별로 원형으로 서서 서로의 어깨에 손을 얹고 스토커를 피한다.

Ⅱ. 시작이 반, 재미있는 준비운동

11-1 리무진 술래

적용 학년	초·중·고	준 비 물	없음
장 소	실내·외	준 비	네 명씩 그룹 짓기

 '기사 – 비서 – VIP' 순으로 앞사람 어깨를 잡고 서서 술래가 VIP를 태그하지 못하도록 방어하는 준비운동입니다.

양수샘이 들려주는 체육수업 비법 ①

이렇게 실시해요!

1) 네 명이 가위 바위 보 하여 1등은 VIP(맨 뒤), 2등은 비서(가운데), 3등은 기사(맨 앞), 나머지 한 명은 술래(스토커)가 된다.

2) '기사-비서-VIP' 순으로 어깨를 잡고, 술래와 마주하여 선다.

3) 시작신호에 따라 술래는 한 쪽 방향으로 돌면서 VIP를 태그해야 한다.

4) VIP가 술래에게 태그되거나 앞 사람의 어깨를 잡고 있던 두 손을 모두 놓치면 VIP, 기사, 비서 세 명이 가위 바위 보를 하여 새롭게 술래를 정한다.

5) 술래의 역할은 30초를 넘기지 않도록 한다.

양수샘이 들려주는 활동 Tip

✵ 두 손 중 한 손이라도 잡고 있으면 아웃이 아니에요!

✵ '가위 바위 보 ABCD' 또는 '네 코너'를 활용해 보세요!

　친한 친구들끼리만 짝을 짓지 않도록 앞에 소개한 배려하는 짝짓기 방법을 활용해 본다.

✠ 여러 그룹이 함께 할 수 있어요!

네 명씩 그룹이 되어 어깨를 잡고 서게 한 후 게임장 중앙에 한 명의 술래를 서게 한다. 시작 신호에 따라 술래가 여러 그룹을 자유롭게 쫓아다니면서 VIP를 태그하는 방법으로 운영해 본다.

✠ 스카프를 활용해 봐요!

VIP의 허리 뒤쪽에 스카프를 끼운 후 술래가 스카프를 빼내게 한다.

✠ 발등 터치하기 놀이로 바꿔 봐요!

네 명이 손을 잡고 원을 만든 후, 자신의 제외한 나머지 세 명 중 자신의 왼쪽과 오른쪽 친구의 발등을 발로 터치하는 게임으로 변형할 수 있다.

11-2 풍차 술래

적용 학년	초·중·고	준비물	없음
장 소	실내·외	준 비	세 명씩 그룹 짓기

스토커(술래)가 VIP를 태그하지 못하도록 보디가드가 열심히 방어해야 해요!

이렇게 실시해요!

1) 세 명씩 그룹을 만든 후 가위 바위 보를 하여 VIP(1등)-보디가드(2등)-스토커(3등)를 정한 다음 'VIP-보디가드-스토커' 순으로 선다.

2) 시작 신호에 따라 스토커는 VIP를 태그하기 위해 앞쪽으로 이동할 수 있다.

3) VIP와 스토커의 손을 잡고 있는 보디가드는 스토커가 VIP를 태그하지 못하도록 몸을 돌리거나 움직이며 방어한다.

4) 술래 역할을 한 명이 30초 이상 하지 않게 하고, 세 명이 돌아가면서 모든 역할을 경험하게 한다.

양수쌤이 들려주는 활동 Tip

�֎ 세 명이서 할 수 있는 다른 활동과 연계하여 운영해요!

'소 외양간' 게임이나 '돌고, 위로, 아래로, 통과' 등과 함께 실시한다.

�֎ 보디가드는 이렇게 손을 잡아요!

보디가드는 한 쪽 사람과는 자신의 손등이 앞을 향하도록 잡고, 반대편 사람과는 손바닥이 앞을 향하게 잡아야 돌면서 손이 꼬이는 것을 예방할 수 있다.

양수샘이 들려주는 체육수업 비법 ①

바꾸면 더 재미있어요!

✣ 술래를 다르게 정해 봐요!

보디가드만 정한 후 가로로 서게 한다. 보디가드 양쪽의 두 명이 서로 가위 바위 보를 하여 진 사람이 술래가 되어 이긴 사람을 바로 태그하게 한다.

✣ 뿅망치를 활용해요!

술래가 뿅망치를 들고 태그하게 한다.

12. 하나 둘 셋 콩콩콩

적용 학년	초·중·고	준 비 물	라인기
장　　소	실내·외	준　　비	일렬횡대 대형

모둠 친구들과 함께 모둠발로 20(이십)까지 뛰면서
3의 배수에서는 박수 치기, 5의 배수에서는 왼쪽으로 90도만큼
방향을 바꾸는 준비운동입니다.

양수샘이 들려주는 체육수업 비법 ①

이렇게 실시해요!

1) 제자리에서 모둠발로 뛰면서 숫자를 1부터 20까지 센다.

2) 3의 배수(3, 6, 9, 12, 15, 18)에서는 박수를 친다.

3) 5의 배수(5, 10, 15, 20)에서는 왼쪽으로 90도 만큼 방향을 바꾼다.

4) 모둠장이 "하나 둘 셋!" 외치면 모두 함께 숫자를 외친다.
   예〉 "하나 둘 셋, 하나!", "하나 둘 셋, 둘!"

5) 다음의 경우에는 처음부터 다시 시작한다.
   3의 배수에서 박수를 치지 않았거나 다른 숫자에서 박수를 쳤을 때
   5의 배수에서 방향을 바꾸지 않거나 다른 숫자에서 방향을 바꿨을 때

6) 모둠에서 한 명이라도 틀리면 처음부터 다시 시작하게 한다.

7) 20까지 먼저 성공한 모둠을 칭찬한다.

양수샘이 들려주는 활동 Tip

✣ **학기 초 모둠원 간 협력을 다지는 활동으로 추천해요!**

모둠별로 체육관이나 운동장 라인에 가로로 서서 연습한 후, 정해진 시간 내에 선생님께 테스트를 받아 통과하게 한다.

✣ **모둠원 중 배려해야 할 친구가 있을 때에는?**

모둠원 중 계속 틀리는 친구가 생기면 다른 친구들의 눈총을 받게 되고, 부담을 느낄 수 있기 때문에 "하나 둘 셋!" 구령만 넣는 역할을 맡게 한다.

 바꾸면 더 재미있어요!

✵ '침묵 버전'으로 실시해 봐요!

　선생님이 "하나 둘 셋!"을 외쳐주고 학생들은 숫자를 세지 않으면서 머릿속으로만 기억하여 박수 치기와 90도 방향 바꾸기를 하도록 하면 더욱 어렵지만 흥미로운 게임이 된다.

양수샘이 들려주는 체육수업 비법 ①

13 투명 피구공 피하기

적용 학년	초·중·고
장 소	실내·외
준 비 물	없음
준 비	체조 대형

1. 위로 날아오는 공 피하기

자, 받아라!
재빨리 앉았다 일어서요!

2. 아래로 굴러오는 공 피하기

제자리에서 점프!

3. 오른쪽으로 날아오는 공 피하기

왼쪽으로 한 발 나가며 상체를 기울여요!

4. 두 손으로 던진 공 받기

우오오!
뒤로 물러나며 두 손으로 공을 받는 시늉을 해요!

5. 움직이기 않기

공을 반대 손으로 옮겨주는 동작에는 움직이면 안 되요!

선생님의 손에는 보이지 않는 공이 있어요.
선생님의 팔 동작을 잘 보고 날아오는 공을 피해 보세요!

 이렇게 실시해요!

1) 선생님의 손에 투명한 피구공이 있다고 약속하고, 투명 피구공을 던지는 방향에 따라 어떤 동작을 해야 할지 정한다.

　① 위로 날아오는 공 피하기
　　(어깨 위에서 팔을 정면으로 뿌리며 공을 던지는 동작)
　　재빨리 쪼그려 앉았다 일어선다.

　② 아래로 굴러오는 공 피하기
　　(볼링 하듯이 한 팔로 공을 굴리는 동작하기)
　　제자리에서 점프하여 공을 피한다.

　③ 오른쪽에서 날아오는 공 피하기
　　(오른쪽으로 한 발 나가면서 몸을 기울여 팔을 뿌리며 공을 던지는 동작)
　　왼쪽으로 한 발 나가면서 상체를 왼쪽으로 기울여 피한다.

　④ 왼쪽에서 날아오는 공 피하기
　　(왼쪽으로 한 발 나가면서 몸을 기울여 팔을 뿌리며 공을 던지는 동작)
　　오른쪽으로 한 발 나가면서 상체를 오른쪽으로 기울여 피한다.

　⑤ 움직이지 않기
　　(공을 한 손에 들고 있다가 반대 손으로 넘기는 동작)
　　피하거나 움직이면 안 되고 그 자리에서 '얼음' 상태로 있는다.

　⑥ 정면으로 날아오는 공받기
　　(공을 두 손으로 들고 머리 뒤로 넘겼다가 앞으로 세게 던지는 동작)
　　날아오는 공을 두 팔과 가슴으로 받고, 이때 받는 충격에 의해 뒤로 점프(밀리는)한다.

2) 정한 동작과 다르게 움직인 학생은 아웃이므로 제자리에 앉는다.

3) 끝까지 살아남는 친구들을 찾아 칭찬한다.

 양수샘이 들려주는 체육수업 비법 ①

양수샘이 들려주는 활동 Tip

✠ 앗! 얼굴에 멍이 들었어요!

교사가 던진 방향과 같은 방향으로 움직여 아웃된 학생은 제자리에 앉을 때 공에 맞아 멍든 얼굴을 계란으로 비비는 동작을 하게 하면 더욱 재미있다. 게임 전에 교사가 적극적으로 시범을 보여야 학생들도 즐겁게 할 수 있다.

✠ 게임 진행 속도를 조절해요!

초반에는 공을 던지는 동작을 적게 하면서 천천히 진행하다가 점차 공을 던지는 동작을 많이 넣으면서 보다 빨리 진행한다.

✠ 선생님이 잘 보이는 공간을 활용해요!

고학년이라면 키 때문에 뒤에 있는 학생들은 선생님의 동작이 잘 보이지 않을 수 있다. 조회대 위나 강당의 무대 위를 활용하는 것이 바람직하다.

✠ 아웃시키지 않는 방법은 없을까?

탈락시키는 게임은 학생에게 수치심을 줄 수 있기 때문에 늘 주의해야 한다. 공에 맞았거나 잘못 피해 아웃된 학생도 끝까지 참여하게 한 후 아웃된 횟수를 발표하게 하여 가장 적게 아웃된 학생들을 칭찬해 줄 수 있다.

Ⅱ. 시작이 반, 재미있는 준비운동

14 동그라미 친구 잡기

적용 학년	초·중·고
장　　소	실내·외
준 비 물	없음
준　　비	두 명씩 짝짓기

둘씩 짝지어 가위바위보, 진 사람이 이긴 사람 어깨를 잡게 하여 이중원을 만들어요!

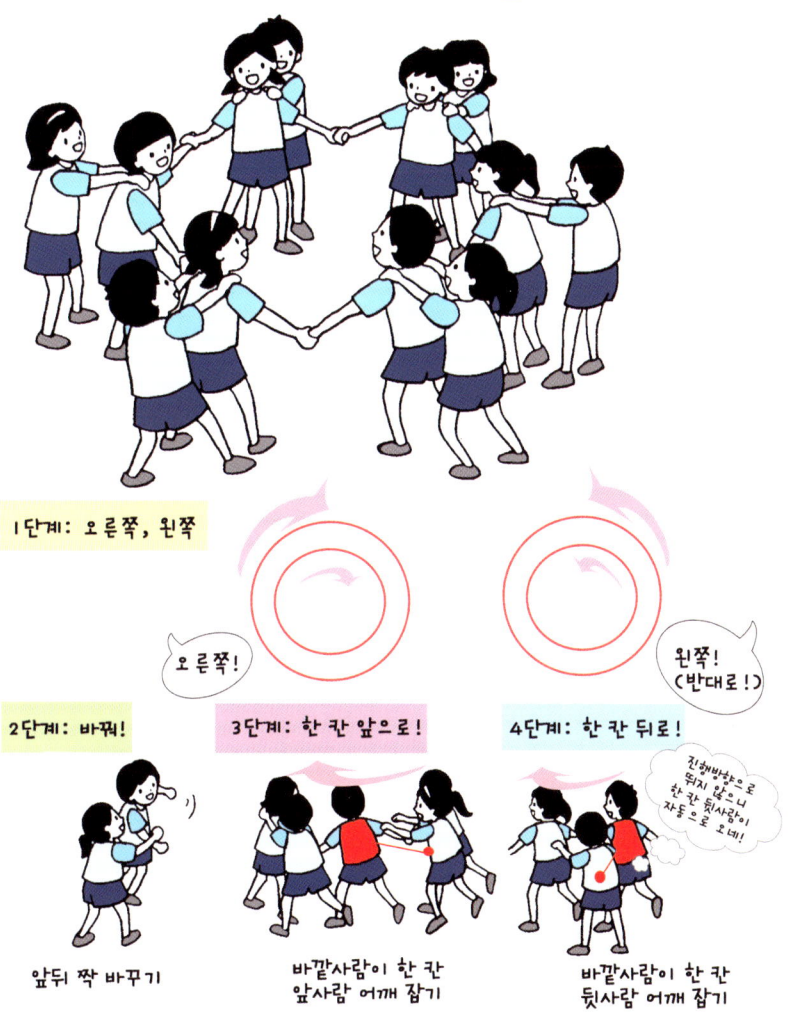

1단계: 오른쪽, 왼쪽

오른쪽!

왼쪽!
(반대로!)

2단계: 바꿔!

앞뒤 짝 바꾸기

3단계: 한 칸 앞으로!

바깥사람이 한 칸
앞사람 어깨 잡기

4단계: 한 칸 뒤로!

진행방향으로
뛰지 않으니
한 칸 뒷사람이
자동으로 오네!

바깥사람이 한 칸
뒷사람 어깨 잡기

친구들과 원으로 신나게 돌다가 선생님의 지시를 잘 듣고
위치를 바꿔 봅시다.

양수샘이 들려주는 체육수업 비법 ①

이렇게 실시해요!

1) 짝과 가위 바위 보를 하여 진 사람이 이긴 사람의 어깨를 잡는다.

2) 이긴 사람끼리 옆 사람과 손을 잡으면 이긴 사람이 안쪽 원, 진 사람이 바깥쪽 원으로 자연스럽게 이중원이 만들어진다.

   〈1단계〉 오른쪽, 왼쪽
   교사가 "오른쪽!" 또는 "왼쪽(반대로)!"이라고 하면 그 방향으로 옆 사람과 손을 잡은 채 걸으면서 돈다.

   〈2단계〉 바꿔!
   교사가 "바꿔!"라고 하면 앞 사람과 바로 뒤에서 어깨를 잡고 있는 바깥 사람이 서로 자리를 바꾼 다음 다시 진행 방향으로 걸으면서 돈다.

   〈3단계〉 한 칸 앞으로!
   교사가 "한 칸 앞으로!"라고 하면 바깥 원의 학생이 진행하던 방향으로 한 칸 앞 친구의 어깨를 잡는다.

   〈4단계〉 한 칸 뒤로!
   교사가 "한 칸 뒤로!"라고 하면 바깥 원의 학생이 진행하고 있던 반대 방향으로 한 칸 이동하여 바뀐 친구의 어깨를 잡는다.

Ⅱ. 시작이 반, 재미있는 준비운동

양쌤이 들려주는 활동 Tip

1) 초등 중학년까지는 1~2단계, 고학년이라면 3, 4단계에 도전해요!

2) 고학년 남학생과 여학생이 손을 잡지 않아 고민이라면?
    남학생과 여학생 팀으로 나누어 팀 대결로 실시한다.

3) 아이스브레이크나 친교 활동으로 좋아요!

4) 안쪽 원은 천천히 돌아야 해요!
    이중원의 안쪽 학생들이 빨리 돌면 바깥 원의 학생들이 쫓아가기 어렵다.

5) 워킹(걷기)에 익숙해지면 사이드 슬라이드 스텝(옆으로 연속 뛰기)에 도전해요!
    원래 활동은 사이드 슬라이드 스텝인데 처음부터 시도하기 어렵기 때문에 난이도를 낮춰 워킹으로 시작하는 것이 좋다.

바꾸면 더 재이있어요!

❋ 동요에 맞춰 활용해요!
    4분의 4박자 동요에 맞추어 8호간 또는 16호간씩 각 단계를 연결하여 활용한다.

양수샘이 들려주는 체육수업 비법 ①

15 가위 바위 보 GO!

적용 학년	초·중·고
장 소	실내·외
준 비 물	빈백 30~40개, 바구니
준 비	20m×20m 게임장

가위 바위 보에서 이기면 다음 원에 진출!
한 바퀴를 돌아 빈백을 획득해 봅시다.

이렇게 실시해요!

1) 출발할 원 안에 참가자 전원이 들어간다. 출발 신호에 따라 아무 친구와 만나 가위 바위 보를 한다.

2) 가위 바위 보에서 이긴 학생은 다음 원으로 달려가고, 진 학생은 이길 때까지 가위 바위 보를 한다.

3) 가위 바위 보에서 이길 때마다 다음 원으로 진행하여 한 바퀴를 돌아 출발했던 원으로 되돌아오면 한 개의 빈백을 바구니에서 꺼내 획득하게 된다.

4) 빈백을 잡고 다시 게임을 이어가며 교사가 정해준 개수의 빈백을 먼저 획득한 학생들을 칭찬해 준다.

양수샘이 들려주는 활동 Tip

✴ 첫 번째 원에 혼자 남은 학생은 어떻게 하나요?

　첫 번째 원에서 가위 바위 보를 계속 지게 되면 다음 원으로 진출하지 못하고 혼자 남는 학생이 생긴다. 선생님은 선두 학생이 한 바퀴를 돌아오기 전에 그 학생이 출발할 수 있도록 학생이 이길 때까지 가위 바위 보를 해 준다.

✴ 학생들의 운동량을 늘리려면?

　학생들을 더 많이 뛰게 하려면 원과 원 사이의 간격을 더 멀리하거나 획득해야 하는 빈백의 숫자를 늘려주면 된다.

✴ 영역을 표시해 주세요!

　처음 출발지와 각 모서리에 원을 그리거나 마커로 표시해 주고, 원 안에서만 가위 바위 보를 하도록 지도해야 한다.

양수샘이 들려주는 체육수업 비법 ①

바꾸면 더 재미있어요!

✤ **각각 4가지 이동 방법으로 이동하게 해 보세요!**

원에서 다음 원으로 이동할 때 각각 워킹, 런닝, 스키핑, 갤러핑 등 여러 가지 이동 방법을 활용할 수 있다.

✤ **다양한 방법으로 가위 바위 보를 해요!**

발로 하는 가위 바위 보나 몸으로 하는 가위 바위 보 등으로 변형해 본다.

✤ **게임장 안에 또 게임장이?**

20m×20m 게임장 안쪽에 10m×10m 게임장을 하나 더 그려 운영한다.

'가위 바위 보 GO!'의 방법과 같은 방법으로 실시하되 바깥쪽 게임장에서 3개의 빈백을 획득하고 나면 바로 안쪽 게임장으로 들어가 같은 방법으로 3개의 빈백을 추가로 획득해야 끝이 난다.

바깥쪽 게임장은 반시계 방향으로 돌고, 안쪽 게임장은 시계 방향으로 돌게 하여 친구들과 지나칠 때마다 서로 하이파이브하면서 실시하면 좋다.

Ⅱ. 시작이 반, 재미있는 준비운동

16 금, 은, 동메달

적용 학년	초·중·고
장 소	실내·외
준 비 물	라인기, 고깔콘
준 비	동메달 라인에 서기

 가위 바위 보에서 이기면 동메달이 은메달로, 은메달이 금메달로!
단, 각 단계에서 지면 전 단계로 내려와야 해요.
자, 금메달을 따러 출발해 볼까요?

양수샘이 들려주는 체육수업 비법 ⑦

 **이렇게 실시해요!**

1) 게임에 참여하는 참가자 모두 동메달 라인을 밟고 선다.

2) 시작 신호에 따라 동메달 라인의 아무 친구와 만나 가위 바위 보를 해서 이기면 은메달 라인으로 출발하고, 진 사람은 또 다른 사람을 만나 이길 때까지 가위 바위 보를 한다.

3) 은메달에 도착하면 다른 은메달 친구와 가위 바위 보를 한다. 이기면 금메달 라인으로 이동하고, 지면 동메달 라인으로 돌아간다.

4) 이때, 금메달로 가는 학생은 한쪽 팔을 어깨 위로 들고 손가락을 한 개 접으며 "금메달 하나!"라고 외친다.

5) 금메달 라인에서 만난 학생끼리 가위 바위 보를 한다. 지면 다시 은메달 라인으로 내려가고, 이기면 "금메달 둘!" 하고 외친다.

6) 3~5분 정도 실시하여 선생님이 제시한 금메달 숫자만큼 획득한 학생들은 선생님과 하이파이브하여 종료를 알리고, 성공한 학생들을 칭찬해 준다.

 **양수샘이 들려주는 활동 Tip**

✤ 학생들의 운동량을 늘리려면?

　메달 간의 간격을 더 멀리 한다.

✤ 선생님은 동메달 라인에서 가위 바위 보를 해 주세요!

　선생님은 동메달 친구들이 은메달로 올라가도록 가위 바위 보를 해준다.

II. 시작이 반, 재미있는 준비운동

❋ **더 여러 명의 학생들을 칭찬하려면?**

정해진 개수의 금메달을 먼저 획득한 친구들만 칭찬하지 말고 전체적으로 칭찬해 주자. 예를 들어 "금메달 5개 이상 딴 친구 손들어보세요" 하여 함께 칭찬해 주는 것이다.

❋ **금메달을 먼저 획득한 학생들은 무얼 할까요?**

이 활동 뒤에 해야 할 본 활동이 준비되어 있다면 먼저 목표한 금메달을 모두 획득한 학생들은 본 활동에 가서 미리 연습하도록 안내한다.

❋ **MVP 스티커를 간단히 제작하여 성공한 학생들의 가슴에 붙여주면 어떨까요?**

바꾸면 더 재미있어요!

❋ **5단계로 변형할 수 있어요!**

동메달 아래에 '참가메달' 라인과 금메달 위쪽에 'MVP' 라인을 추가한다.

❋ **'흥, 재, 의' 1권의 '5단계 가위 바위 보'를 이 게임을 응용해요!**

5개의 라인을 그리고 쥐, 고양이, 호랑이, 사냥꾼, 천사 라인을 만들어 달려가면서 활동하게 한다.

양수샘이 들려주는 체육수업 비법 ①

17 네 개의 코너

적용 학년	초등
장　　소	실내·외
준 비 물	콘, 콘폴더, 라인기
준　　비	콘 폴더별 스텝 정하기

1. 이동 스텝 활용하기

2. 발바닥이 지면에 닿는 면을 달리하며 이동하기

뒤꿈치로 걷기　앞꿈치로 걷기　발바닥 전체로 걷기　발바닥 바깥면으로 걷기

3. 동물의 걸음걸이 특징을 살려 이동하기

게(크랩)　학　고릴라　캥거루

네 코너의 콘 폴더에 적힌 이동 방법을 읽고
여러 가지 이동 방법으로 한 바퀴를 돌아봅니다.

이렇게 실시해요!

1) 교사가 콘 폴더에 적힌 이동 방법을 활동 전에 안내하거나 학생들과 한 바퀴를 가볍게 뛰면서 미리 확인한다.

2) 예시 하나 : 이동 스텝 활용하기
   1코너 → 2코너: 워킹(걷기)
   2코너 → 3코너: 가볍게 뛰기(런닝)
   3코너 → 4코너: 스킵핑(한 발로 두 번 거듭 뛰기)
   4코너 → 1코너: 슬라이드(옆으로 서서 옆으로 뛰기)

3) 예시 둘 : 동물의 걸음걸이 특징 살려 이동하기
   1코너 → 2코너: 캥거루(두 손 앞으로 약간 내밀고 두 발로 모아 뛰기)
   2코너 → 3코너: 고릴라(옆으로 서서 화난 것처럼 팔도 흔들며 뛰기)
   3코너 → 4코너: 학(두 팔을 양 옆으로 벌려 날개짓을 하며 한 쪽 발로 뛰기)
   4코너 → 1코너: 게(크랩- 가슴을 공중으로 하여 손과 발을 바닥에 대고 걷기)

4) 예시 셋 : 발바닥이 지면에 닿는 면을 바꿔 이동하기
   1코너 → 2코너: 앞꿈치로 걷기
   2코너 → 3코너: 발뒤꿈치로 걷기
   3코너 → 4코너: 스탬프 걷기(발바닥 전체를 활용해 걷기)
   4코너 → 1코너: 발바닥 바깥 면으로 걷기

5) 네 명씩 짝이나 그룹을 짓게 한다.

6) 모둠장의 가위 바위 보로 1, 2, 3, 4위를 정한다.

7) 1위는 1코너, 2위는 2코너, 3위는 3코너, 4위는 4코너로 가서 모인다.

8) 교사의 출발신호에 콘 폴더에 적혀져 있는 이동 방법을 읽고, 모둠장이 이를 안내한다. 모두 함께 제시된 방법으로 다음 코너로 이동한다.

9) 반시계 방향으로 이동하고, 모둠장을 따라 네 개의 코너를 돌아온다.

10) 교사가 호각이나 음성 신호를 보내면 도는 방향을 반대로 바꿔 실시한다.

양수샘이 들려주는 활동 Tip

✤ **학생들끼리 할 수 있어요!**

콘 폴더를 활용한 이와 같은 준비운동이 숙달되면 학생들이 지시사항을 읽고 자율적으로 준비운동 할 수 있다.

✤ **직사각형 영역으로 바꿔 보세요!**

길이가 긴 변의 두 코너는 전력달리기, 길이가 짧은 변의 두 코너는 가볍게 달리기로 변형하면 심폐지구력 운동이 된다.

✤ **다양한 이동 방법을 학생들의 의견을 반영하여 정해 보세요!**

✤ **경쾌한 음악과 함께 해요!**

바꾸면 더 재미있어요!

✤ **다양한 운동 기능을 순환하며 연습하는데 활용해 보세요!**

구기운동의 드리블이나 패스 방법을 네 코너에서 순환하면서 실시한다.

✤ **각 코너에 시범 학생을 두세요!**

스트레칭이나 체조 동작 네 가지를 정해 각 코너에서 시범 학생을 보며 따라한 후 다음 코너로 이동하게 한다.

✤ **네 코너 게임장을 이후 활동에도 활용해요!**

정사각형 게임장을 피구나 술래놀이 게임장으로 이어서 활용하는 것도 좋다.

Ⅱ. 시작이 반, 재미있는 준비운동

체육수업에 음악 활용 어떤 점을 고려해야 하나요?

즐거운 체육 활동에 신나는 음악까지 곁들여진다면 단연 최고의 체육수업을 기대할 수 있겠죠?

체육수업에 음악을 활용할 때 참고해야 할 점을 나눠 볼게요.

하나. 선곡이 매우 중요

학생들이 좋아한다고 해서 최신 가요만 준비해야 할지, 준비 운동과 정리 운동에는 각각 어떤 음악을 사용해야 할지, 곡의 빠르기는 적당한지, 가사가 학생 수준에 선정적이지 않고 유익한 내용인지 등을 고려한다. 또한 대상이 초등학생이라면 신나는 동요 등을 선곡하여 활용하는 것이 좋다.

둘. 다른 선생님들의 수업에 피해를 주지 않을지 고려하기

체육수업의 특성 상 오픈 된 공간에서 음악을 틀면 교실까지 음악이 들려 수업에 방해가 될 수 있으므로 볼륨을 조절하고 스피커를 구입할 때에도 그에 맞게 선택해야 한다.

똑똑하고 편리한 무선마이크와 스피커, 리모컨을 추천해요!

하나. 학교 체육관이나 운동장의 메인 스피커를 활용하기

학교 체육행사 시에 중계기를 구입하여 기존 방송시설에 마이크만 연결하면 체육관이나 학교 운동장 스피커를 아주 간편하게 활용할 수 있다.

둘. 무선스피커와 마이크(MIPRO), 블루링크 리모컨 활용하기

스피커는 대부분 네모난 상자 모양으로 되어 있는 것이 일반적인데 대만제인 MIPRO 제품은 모양도 예쁘고 작지만 강력한 성능을 발휘한다. 똑똑한 리모컨(블루콘 아이)은 노트북이나 컴퓨터의 블루링크만 잡아 놓고, 잭으로 스피커와 연결하면 어디서나 음악을 제어할 수 있어 감탄이 절로 나온다. 학생들은 선생님이 노트북 근처에 가지도 않았는데 음악이 저절로 켜지고 꺼지는 것을 들으며 선생님이 마술을 부리시는 걸로 생각하지만 실은 주머니 속에 리모컨을 넣고 손가락으로 클릭만 하면 된다. 선생님의 성대 보호와 경쾌한 음악활용은 소개한 제품에 맡겨도 좋다.

양수샘이 들려주는 체육수업 비법 ①

적용 학년	초·중·고
장 소	실내·외
준 비 물	라인기 또는 콘
준 비	15m×15m 게임장

18 게와 다리

한 명이 게와 다리를 번갈아 만들면, 나머지 한 명은 넘고 통과하기를 반복하는 활동으로 참가자 모두가 쉬지 않고 계속 활동하게 되는 준비운동입니다.

II. 시작이 반, 재미있는 준비운동

 이렇게 실시해요!

1) 두 명씩 짝을 짓는다.

2) 가위 바위 보를 하여 이긴 사람은 실시자, 진 사람은 보조자가 된다.

3) 시범을 통해 보조자와 실시자의 동작을 안내한다.

　① '게' : 배를 하늘 방향으로 하여 두 손으로 바닥을 짚은 후, 두 발로 지지한 상태에서 엉덩이를 지면에 닿지 않게 들어주기

　② '다리' : Push up 자세에서 손과 발의 간격을 당겨 주고 배를 들어 그 사이로 실시자가 통과할 수 있게 해주기

4) 실시자는 '게' 자세를 하고 있는 보조자 친구의 배 위를 넘어 가고, 보조자가 '다리' 자세로 바꾸면 그 아래를 통과한다.

5) 보조자는 '게' 자세를 하고 있다가 실시자가 배 위로 넘어가면 '다리' 자세를 만든다. 실시자가 배 아래로 통과하면 다시 '게' 자세로 바꾼다.

6) 목표 인원을 정해주면 실시자는 자신의 짝이 만든 게와 다리를 통과한 후 다른 보조자 친구들을 찾아다니며 게와 다리를 통과하여 정해진 인원만큼 성공한 후 선생님에게 달려가 하이파이브를 한다.

7) 먼저 끝낸 학생들을 칭찬하고 역할을 바꾸어 진행한다.

양수샘이 들려주는 체육수업 비법 ①

양수샘이 들려주는 활동 Tip

※ '게'를 먼저? '다리'를 먼저?
　보조자는 게와 다리 동작 중 자신이 하고 싶은 동작을 먼저 한다.

※ 하이파이브 인원을 정해 주세요!
　"하이파이브 7명!"과 같이 인원을 정해주면 더욱 열심히 참여하게 된다.

※ 다리 위를 넘어 가도 되요!
　저학년은 '게' 자세를 하고 있는 보조자의 배를 한 발로 넘어가기 어려울 수 있으므로 다리 쪽으로 넘어가게 한다.

※ 남자 보조자, 여자 보조자를 번갈아 찾아가요!
　남학생은 남학생만, 여학생은 여학생만 찾아갈 수 있으므로 규칙을 추가한다..

※ 실내 활동으로 좋지만 실외에서 할 때는 바닥의 상태를 확인해 주세요!

바꾸면 더 재미있어요!

1) 실내라면 보조자가 바닥에 배와 가슴을 대고 엎드리고, 실시자가 보조자의 등을 발로 넘고 나서 보조자가 push up 자세로 다리를 만들면 그 아래로 통과하도록 바꿀 수 있다.

2) 뜀틀 수업에 활용한다면 보조자 친구가 인간뜀틀을 만들고 실시자가 인간뜀틀을 넘고, 보조자가 두 다리를 넓혀 서는 동작으로 바꾸면 실시자가 그 다리사이로 통과하는 방법으로 응용해 본다.

19. 총과 방탄복

적용 학년	초·중
장 소	실내·외
준 비 물	고깔콘 또는 라인기
준 비	20m×20m 게임장

마음 속에 각자의 총 친구, 방탄복 친구를 정해 보세요.
총 친구를 피해 방탄복 친구 뒤에 숨어 봅시다.

양수샘이 들려주는 체육수업 비법 ①

이렇게 실시해요!

1) 각자 마음속으로 자신의 총 친구와 방탄복 친구를 한 명씩 정한다.

2) 모든 학생들이 서로 사방 2m 이상씩 떨어져 선다.

3) 교사가 "초록불!"이라고 외치면 모두 걸어서 자유롭게 이동한다.

4) 이때 각자 정한 총 친구와 일직선이 되지 않도록 바쁘게 움직여야 한다.

5) 총 친구와 피하는 친구가 일직선이 되지 않도록 그 사이에 방탄복 친구를 두고 움직여야 한다.

6) 교사가 "빨간불!"이라고 외치면 그 자리에 선다.

7) 몇 명의 학생들에게 총 친구는 누구이고, 방탄복 친구는 누구였는지 말해보게 하고 총을 피해 방탄복 뒤에 잘 피해 다녔는지 확인하는 시간을 갖는다.

양수샘이 들려주는 활동 Tip

✽ 시범을 통해 자세히 안내하고 시작해요!

✽ 영화 007의 효과음을 활용해 보세요!

✽ 한 학생 뒤로 여러 학생들이 줄줄이 움직여요!
　여러 학생들이 한 학생을 방탄복 친구로 정하게 될 수도 있다.

✽ 방탄복 친구와 2m 이상 떨어지는 것이 좋아요!
　방탄복 친구 뒤쪽에 바짝 붙어서 피하면 자신의 방탄복 친구가 누구인지 알려주게 된다.

Ⅱ. 시작이 반, 재미있는 준비운동

 바꾸면 더 재미있어요!

✠ 8가지 이동스텝을 활용해 보세요!

✠ '총과 방탄복' 대신 '창과 방패' 어때요?

✠ '초록불' 과 '빨간불' 대신에 '출발', '얼음' 으로 바꿔볼까요?

양수샘이 들려주는 체육수업 비법 ①

20 주사위 준비운동

적용 학년	초·중·고	준 비 물	크기가 다른 주사위 2개
장　　소	실내	준　　비	숫자별 활동과제 적기

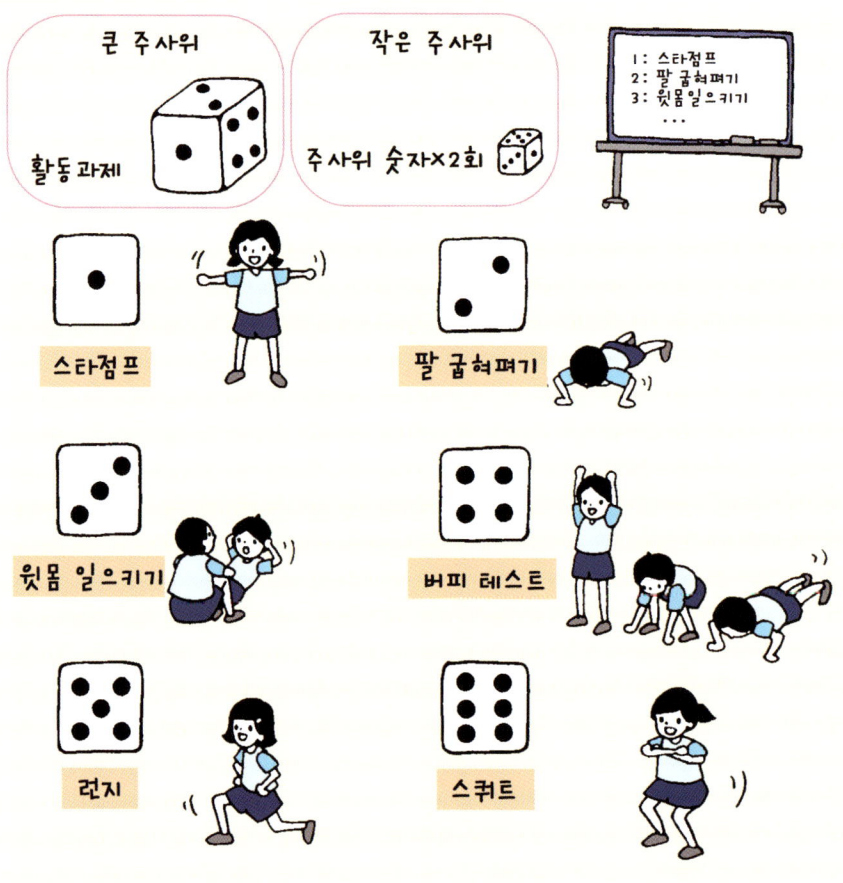

주사위를 던져 나온 숫자대로 활동 과제와 활동 횟수가
정해지는 주사위 준비운동을 해 봅시다.

Ⅱ. 시작이 반, 재미있는 준비운동

이렇게 실시해요!

1) 반장이나 체육부장이 나와 큰 주사위와 작은 주사위를 동시에 던진다.

2) 큰 주사위의 활동과제 예시(화이트보드나 안내판에 제시하기)
   예〉 주사위 1- 스타점프(팔 벌려 높이뛰기)
       주사위 2- 푸시 업(팔 굽혀 펴기)
       주사위 3- 윗몸 일으키기
       주사위 4- 버피 테스트
       주사위 5- 런지(한 쪽 다리 앞으로 내밀었다 발 바꾸기)
       주사위 6- 스쿼트(앉았다 일어서기)

3) 큰 주사위를 던져 나온 과제를 작은 주사위를 던져 나온 숫자의 두 배만큼 실시한다.
   예〉 큰 주사위 '3', 작은 주사위 '4'가 나왔다면 두 명씩 발목을 교차로 끼우고 뒤로 누워 윗몸일으키기를 8개(4×2)를 한다.

4) 다른 임원이나 모둠장이 두 개의 주사위를 던져 같은 방법으로 이어서 실시한다.

양스샘이 들려주는 활동 Tip

✤ 주사위의 크기가 같다면 색을 달리 해 주세요!

  크기가 같은 주사위라면 주사위에 색을 칠해 파랑색은 '과제', 빨강색은 '수행할 숫자×2'로 한다.

✤ 모둠별로 실시하면 여러 학생들이 다양한 활동을 할 수 있어요!

  주사위를 모둠별로 두 개씩 준비하여 모둠별로 실시해 보자.

양수샘이 들려주는 체육수업 비법 ①

✣ **큰 주사위는 높이 던져야 해요!**

큰 주사위가 잘 구르지 않는다면 선생님 키보다 1m 이상 높이 던지게 한다.

✣ **정확한 동작과 방법으로 과제를 실시하는 학생이나 모둠을 칭찬해 주세요!**

바꾸면 더 재미있어요!

✣ **큰 주사위는 이동스텝, 작은 주사위는 이동할 거리로!**

큰 주사위를 던져 이동 방법(워킹, 런닝, 스킵핑, 갤러핑, 호핑, 점핑, 슬라이드, 리핑 등)을 정한 후, 작은 주사위를 던져 이동할 거리(5m, 7m, 10m 등)를 정한다. 이동 거리별로 세워진 콘을 돌아오도록 한다.

21 트럼프카드 준비운동

적용 학년	초·중·고	준 비 물	트럼프카드 한 세트
장　　소	실내	준　　비	체조 대형

트럼프 카드의 모양은 활동 과제, 숫자는 활동 횟수를 나타냅니다.
바닥에 놓인 카드들 중 한 장을 골라 모둠 친구들과 준비운동을 해 봅시다.

이렇게 실시해요!

1) 화이트보드에 활동 과제를 미리 적어놓고 방법을 안내한다.
   예> 스페이드: 스타점프
   　　다이아몬드: 스쿼트
   　　하트: 푸시 업
   　　클로버: 윗몸 일으키기

2) 모둠들로부터 10m 떨어진 지점에 트럼프 카드 한 세트를 뒤집어 흩어 놓는다.

3) 교사의 출발신호에 각 모둠장이 달려가 한 장의 카드를 가져온다.

4) 모둠원들과 트럼프 카드의 과제를 확인하고, 들고 온 카드에 적힌 숫자×2의 횟수만큼 실시한다.

5) 신체활동 과제가 끝나면 다음 차례의 모둠원이 가져왔던 카드는 가져다 놓고, 새로운 카드를 한 장을 골라와 같은 방법으로 실시한다.

양수샘이 들려주는 활동 Tip

✵ J(11), Q(12), K(13)는 너무 많아요!

　J(11), Q(12), K(13)으로 ×2를 하면 최대 26번 실시하게 되므로 학생들의 체력 수준에 따라 J, Q, K를 빼놓고 나머지 카드로만 실시해도 좋다.

✵ 트럼프 카드를 꼭 바닥에 놓아야 하나요?

　트럼프 카드를 탁구대나 책상 위에 펼쳐 놓거나 선생님이 두 손으로 카드를 펼쳐 잡고 있으면 학생들이 한 장씩 뽑아 가져가게 할 수 있다.

❈ 선생님이 활동 횟수를 조정할 수 있어요!

52장의 카드를 다 가지고 활용하기보다는 활동 횟수가 크게 차이 나지 않도록 일부 카드(1-7까지만)를 선택해서 활용한다.

바꾸면 더 재미있어요!

❈ 줄넘기 연습에 활용해 보세요!

> 예> 스페이드: 양발 모아뛰기
> 다이아몬드: 번갈아 뛰기
> 하트: 뒤로 양발 모아뛰기
> 클로버: 엇걸어 풀어뛰기

❈ 축구나 농구 등 구기운동 연습에 활용해 보세요!

> 예> 스페이드: 농구 양 손 드리블
> 다이아몬드: 농구의 레이업 슛
> 하트: 농구의 피벗
> 클로버: 농구의 체스트패스

22 창의적인 스트레칭

적용 학년	초·중·고
장 소	실내·외
준 비 물	경쾌한 음악, 콘
준 비	15m×15m 게임장

음악이 나오면 선생님이 지시한 이동스텝으로 자유롭게 이동하다가 음악이 멈추면 호명된 친구가 하는 스트레칭 동작을 모두가 따라 해 봅시다.

Ⅱ. 시작이 반, 재미있는 준비운동

 이렇게 실시해요!

1) 먼저 8가지 이동스텝(워킹, 런닝, 스킵핑, 갤러핑, 호핑, 점핑, 슬라이드, 리핑)을 상기시킨다.

2) 학생들이 각자 스트레칭 방법을 하나씩 생각해 놓도록 안내한다.

3) 음악이 나오면 교사는 이동할 스텝을 지시한다.
   예〉 "워킹!"

4) 학생들은 영역 안에서 자유롭게 워킹으로 돌아다닌다.

5) 음악이 멈추면 모두가 그 자리에서 멈춘다.

6) 교사가 한 학생을 지목한다. 호명된 학생은 자신이 미리 생각해 둔 스트레칭 동작을 시범 보인다.

7) 모두 함께 스트레칭 동작을 따라 한다.

8) 다시 음악이 나오면 교사는 이동 스텝을 지시한다.
   예〉 "점핑!"

9) 학생들은 영역 안에서 점핑으로 이동하다가 음악이 멈추면 교사가 두 번째로 지목한 학생이 시범 보이는 스트레칭 동작을 따라한다.

양수샘이 들려주는 체육수업 비법 ①

양수샘이 들려주는 활동 Tip

✤ 학기 초에 8가지 이동스텝(방법)을 미리 지도하면 좋아요!

✤ 음악을 틀 수 없다면?

　호각으로 대신한다. 호각을 한 번 불고 이동스텝을 지시한다. 호각을 두 번 이어 불고 학생을 지목한다.

✤ 처음 지목하는 학생은 자신감 있는 학생으로!

✤ 선생님이 힌트를 주세요!

　호명된 학생이 스트레칭 동작을 잘 생각해 내지 못해 곤란해 할 수 있으므로 교사는 힌트는 줄 수 있는 동작을 미리 생각해 바로 안내해야 한다.

✤ 학생을 지목할 때는 두 손으로!

　선생님이 학생을 지목할 때 이름만 부르기 보다는 두 손바닥이 학생을 향하도록 정중히 가리켜주면 어떨까?

바꾸면 더 재미있어요!

✤ 스트레칭 대신 체조 동작으로 할 수 있어요!

　호명된 학생이 체조 동작을 8박자 시범 보이면 나머지 8박자는 모든 학생이 함께 구령을 넣으며 실시한다.

✤ 술래놀이처럼 변형해 보세요!

　선생님이 빈백이나 솜털공을 들고 쫓아가 학생을 태그한다. 태그된 학생은 체조 동작을 하고 나머지 학생들이 이를 따라한다. 태그된 학생이 새로운 술래가 되어 이어간다.

III

마음껏 뛰며 하나되는,
신나는 술래놀이

양수샘이 들려주는 체육수업 비법 ①

술래놀이와 게임 적용 전에 미리 생각해 두세요!

1. **게임장 크기를 고려해요.**

   인원에 비해 게임장이 너무 크면 흥미가 떨어질 수 있고, 작으면 충돌의 위험이 높아진다. 30명 기준으로 20m×20m 정도의 크기로 시작한다. 단, 술래게임의 특성에 따라 달라질 수 있다.

2. **게임장은 미리 그려 주세요.**

   게임장은 쉬는 시간을 활용하여 미리 라인기로 그리고, 각 모서리마다 콘을 세워둔다. 준비된 수업은 학생들로 하여금 기대감을 갖게 한다.

3. **술래 게임에 필요한 교구를 미리 준비해요.**

   콘과 뿅망치, 소프트 하키채, 빈백, 스카프, 원마커, 솜털공 등을 미리 준비해 두면 술래놀이에 효과적으로 활용할 수 있다.

4. **술래게임 전에 반드시 준비체조를 해야 해요.**

   술래놀이나 게임은 짧은 시간에 엄청난 에너지를 소모하게 되므로 반드시 준비체조를 하고 들어가야 한다.

5. **태그 할 때는 터치하는 느낌으로!**

   손으로 태그할 때는 검지와 중지(두 번째와 세 번째 손가락)를 모아 가볍게 터치하고, 뿅망치나 소프트하키채로 태그할 때도 가볍게 터치만 하도록 한다.

6. **선생님이 술래가 되면 이런 점이 좋고, 이런 점이 걱정 되요.**

   선생님이 술래를 하면 학생들은 더 재미와 긴장감을 가지고 즐겁게 참여하게 되지만, 공개 수업을 할 때라면 술래를 하고나서 안정된 호흡으로 돌아올 때까지 시간이 걸려 곤란을 겪을 수 있다.

7. **협력과 배려, 공동체 의식을 기를 수 있는 술래 게임을 지도해요.**

   재미있는 술래 게임도 좋지만 배려하는 마음을 키우고 서로 협력해야 좋은 결과를 가져오는 인성교육과 관련된 술래 게임도 다양하게 경험하도록 해야 한다.

8. **술래 역할을 여러 친구들이 경험하도록 한다.**

   전체가 술래가 되어 시작하거나 누가 술래인지 모르게 시작하는 게임 등을 활용하여 보다 많은 학생들이 술래를 경험하도록 한다.

III. 마음껏 뛰며 하나되는, 신나는 술래놀이

 가위 바위 보 달려라!

적용 학년	초·중·고	준 비 물	라인기, 콘
장 소	실내·외	준 비	두 명씩 짝짓기

중간 지역에 발을 들여놓고 가위바위보!

양쪽에서 달려와 중간에서 만나 가위 바위 보로 이긴 사람은 쫓아가 태그하고, 진 사람은 안전지대를 향해 도망가는 술래놀이다.

이렇게 실시해요!

1) 두 명씩 짝을 정해 양쪽 출발선에 마주 선다.

2) 출발 신호에 따라 중간 지역을 향해 천천히 달려간다.

3) 중간 지역에 발을 들여놓자마자 짝과 가위 바위 보를 한다.

4) 진 사람은 수비자가 되어 자신이 출발했던 안전지대로 도망가고, 이긴 사람은 공격자가 되어 진 사람을 쫓아가 태그한다.

5) 공격자가 태그에 성공했을 경우 공격자가 1점을 얻고, 수비자가 먼저 안전지대에 들어간 경우 수비자가 1점을 얻는다.

6) 교사가 정한 횟수 동안 게임을 하여 더 많이 득점한 학생이 이긴다.

양수샘이 들려주는 활동 Tip

✵ **진 사람이 공격자, 이긴 사람이 수비자가 되어 봐요!**
　진 사람이 쫓아가고, 이긴 사람이 도망가는 방법으로도 실시해 본다.

✵ **일직선으로 달려요!**
　수비자가 안전지대로 도망갈 때에는 일직선으로 달려 다른 친구들과 충돌하지 않도록 해야 한다.

✵ **발로도 가위 바위 보 할 수 있어요!**

✵ **비겼을 때에는 이길 때까지 내요!**

Ⅲ. 마음껏 뛰며 하나되는, 신나는 술래놀이

바꾸면 더 재미있어요!

❋ 중간 지역에서 출발해 봐요!

중간 지역에 짝과 함께 서로의 발을 대고 서서 가위 바위 보를 한다. 진 사람만 안전지대로 달려가 출발선을 발로 밟고 중간 지역까지 되돌아온다. 가위 바위 보에 비겼을 경우, 두 명 모두 자신의 출발선을 밟고 돌아오게 한다.

❋ 벽을 짚고 돌아와요!

활동 장소가 실내라면 중간 지역에서 가위 바위 보 하여 진 사람이 자신의 출발선 쪽 벽을 짚고 돌아오게 하면 더 많은 운동량을 기대할 수 있다.

❋ 윗몸 일으키기를 보다 즐겁게!

짝과 함께 앉아 발끼리 교차해 끼운 후 가위 바위 보를 하여 진 사람은 윗몸 일으키기를 한 번 하고 올라오고, 비겼을 경우 두 명 모두 윗몸일으키기를 하게 하는 방법이다.

1. 가위 바위 보 달려라!

115

양수샘이 들려주는 체육수업 비법 ①

2 액션 가위 바위 보

적용 학년	초·중
장 소	실내·외
준 비 물	라인기, 콘
준 비	두 명씩 짝짓기

중간 지역에서 짝과 함께 몸으로 가위 바위 보!
진 사람은 안전지대로 도망가고, 이긴 사람은 쫓아가 태그 해 봅시다.

1) 두 명씩 짝을 정한다.

2) 두 사람이 중간 지역의 양쪽 선을 밟고 서로 뒤돌아선다.

3) 교사의 "준비, 시작!" 신호에 따라 뒤를 돌아 마주 보면서 몸으로 하는 가위 바위 보 동작 중 한 가지 동작을 한다.

4) '가위' 는 양손을 합해 잡은 후 인지를 앞으로 향하여 총을 만들어 쏘는 동작

5) '바위' 는 한 쪽 무릎을 90도로 세우고, 그 위에 같은 팔을 세워 팔꿈치가 무릎 위에 닿는 동작

5) '보' 는 두 팔과 다리를 크게 양 옆으로 벌리고 손바닥으로 양쪽을 막는 동작

6) 진 사람은 안전지대를 향해 도망가고, 이긴 사람은 쫓아가 태그한다.

7) 비기면 한 사람씩 번갈아가며 시작 신호를 주며 승부가 날 때까지 실시한다.

8) 수비자가 태그되지 않고 안전지대에 들어갔을 경우 수비자가 1점을 얻고, 수비자가 안전지대에 들어가기 전에 공격자가 태그에 성공했을 경우 공격자가 1점을 얻는다.

9) 교사가 정한 횟수동안 게임하여 더 많은 득점을 한 학생이 이긴다.

양수샘이 들려주는 체육수업 비법 ①

 양수샘이 들려주는 활동 Tip

✿ 헷갈리면 실점해요!

　가위 바위 보에서 졌는데도 이긴 것으로 착각하여 상대를 태그하거나 이겼는데도 도망가서 안전지대를 밟게 되면 1점을 실점하게 된다.

✿ 달리기 능력이 비슷한 학생끼리 짝을 지어요!

✿ 짝이 맞지 않을 때에는 선생님이 남는 학생과 짝이 되어 실시해요!

✿ 디비디비딥 가위 바위 보를 활용해요!

III. 마음껏 뛰며 하나되는, 신나는 술래놀이

바꾸면 더 재미있어요!

✤ 흥, 재, 의 1권에 소개된 '어흥, 탕, 에헴' 게임도 해 보세요!

　서로 같은 동작을 했을 때에는 자신의 안전지대까지 먼저 달려가는 사람이 이기는 것으로 바꿀 수 있다.

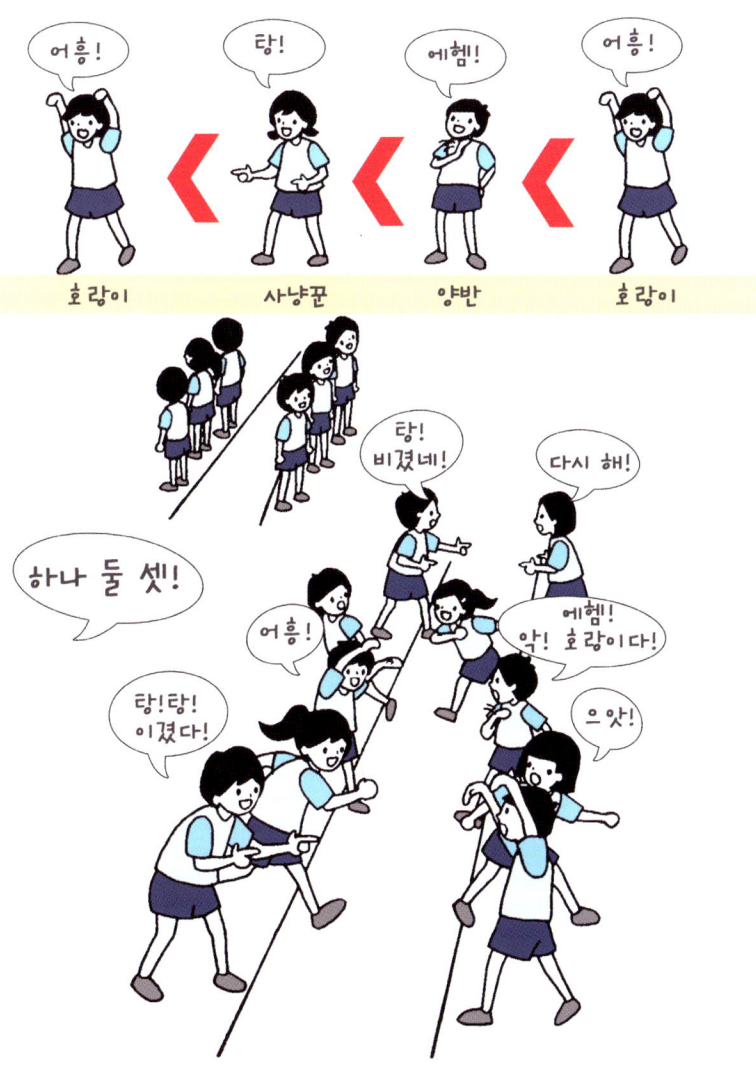

3. 사냥

적용 학년	초등 저학년
장　　소	실내·외
준 비 물	라인기 또는 콘
준　　비	출발선에 일렬로 서기

워킹 대신 다른 이동 스텝도 활용해 보세요!

선생님은 사냥꾼, 여러분은 숲 속의 동물들입니다. 사냥꾼을 따라가다가 "뱅!" 하는 총소리가 들리면 사냥꾼을 피해 안전지대로 도망가 봅시다.

Ⅲ. 마음껏 뛰며 하나되는, 신나는 술래놀이

이렇게 실시해요!

1) 학생들은 출발선에 일렬횡대로 서고, 교사는 출발선(안전지대)으로부터 3m 이상 떨어져 선다. 교사는 사냥꾼, 학생들은 숲 속의 동물들이라고 정한다.

2) 출발 신호에 따라 사냥꾼부터 앞으로 걸어 나가면 동물들도 그 뒤를 따라간다. 이때 "워킹 워킹 워킹 에브리바디 워킹!" 하며 함께 노래를 부른다.

3) 사냥꾼은 노래를 하며 걷다가 갑자기 "뱅!" 하고 외치며 뒤로 돌아 동물들을 태그하러 쫓는다. 동물들은 사냥꾼을 피해 안전지대로 도망가야 한다.

4) 사냥꾼의 손에 태그된 학생이 새로운 사냥꾼이 되어 게임을 이어나간다.

5) 워킹으로 시작해 게임에 익숙해지면 다른 이동 스텝으로 실시한다.

양수샘이 들려주는 활동 Tip

✠ 일렬종대(앞뒤로 길게)로 따라 오게 해 보세요!

교사 뒤에 학생들이 일렬로 줄줄이 따라오게 바꿔 보자. 서는 순서는 전체 가위 바위 보를 하여 꼴찌 학생부터 사냥꾼 뒤에 서게 한다.

✠ 학생들이 신나게 달리도록 하는 것이 중요해요!

교사가 사냥꾼이 되었을 때는 학생들을 빨리 태그해 버리기 보다 안전지대로 도망갈 여유를 주어 성공감을 주는데 초점을 둔다.

양수샘이 들려주는 체육수업 비법 ①

✹ **재미있게 이동해 보세요!**

사냥꾼은 8자로 걷거나 지그재그로 불규칙하게 이동하고, 경쾌하게 걸어 학생들이 흥미를 가지고 적극적으로 참여하게 한다.

✹ **달리기를 못하는 학생들을 배려해요!**

달리기를 못하는 몇몇 학생들만 술래가 되지 않도록 배려해야 한다.

바꾸면 더 재미있어요!

✹ **다양한 이동 스텝을 활용해 보세요!**

런닝, 스킵핑, 갤러핑, 호핑, 점핑, 슬라이드, 리핑 등으로 바꿔본다. 이때 스킵핑은 '스킵', 갤러핑은 '갤럽'으로 바꾸어 노래를 부른다. ("스킵 스킵 스킵 에브리바디 스킵!") 슬라이드는 그대로 슬라이드라고 하되 빠른 박자로 부른다.

✹ **공으로 태그해요!**

사냥꾼이 솜털공이나 폼볼을 들고 있다가 "뱅!"을 외치며 공을 동물들에게 던져 맞히게 할 수 있다.

✹ **술래의 수가 늘어나게 해 보세요!**

사냥꾼에게 태그된 학생들이 또 다른 사냥꾼이 되어 술래가 점점 늘어나게 해 보자.

Ⅲ. 마음껏 뛰며 하나되는, 신나는 술래놀이

 너구리와 닭

적용 학년	초등 1~4학년	준 비 물	콘, 라인기
장　　소	실내·외	준　　비	원형으로 서기

울타리는 닭의 편! 너구리를 방해해요!
너구리는 잡고 있는 손을 끊거나
위 아래로 통과하여 지나다녀요!

모두 함께 손을 잡고 닭을 지키는 울타리가 됩니다.
너구리에게 닭이 잡히지 않도록 도와주세요!

이렇게 실시해요!

1) 15m×15m 게임장 안에 모두 들어간다.

2) 전체 가위 바위 보로 너구리와 닭을 정한다.

3) 나머지 학생들은 손을 잡고 원형을 서 울타리가 된다.

4) 울타리 안에는 닭이, 울타리 밖에는 너구리가 선다.

5) 시작 신호에 따라 너구리는 닭을 태그하러 원 안으로 들어갈 수 있다. 이 때 울타리 학생들은 잡은 손과 팔을 위아래로 움직여 너구리가 울타리를 지나다니는 것을 방해한다.

6) 반대로 울타리는 닭을 보호해야 한다. 닭이 도망갈 때에는 손과 팔을 위로 올려 닭이 울타리 안과 밖을 자유롭게 드나들도록 돕는다.

7) 너구리는 울타리 학생들이 잡고 있는 손을 몸으로 끊을 수 있고 팔 위로 넘어가거나 아래로 통과할 수 있다.

8) 닭이 너구리에게 태그되거나 게임장을 벗어나면 닭과 너구리 역할을 바꿔 실시한 후, 다음 게임에서는 새로운 너구리와 닭 친구를 정해 게임을 이어나간다.

양수샘이 들려주는 활동 Tip

✳ 달리기를 잘 하는 너구리? 달리기를 못 하는 닭?

처음에는 달리기를 잘하는 학생에 너구리, 달리기를 잘 못하는 학생에 닭 역할을 주어야 울타리 학생들이 닭을 열심히 보호하며 참여하게 된다.

시간제로 운영해 보세요!

너구리와 닭을 더 많은 학생들이 경험하게 하려면 미리 1~2분 정도로 시간을 정해 두고, 너구리가 닭을 태그하지 못했더라도 정해진 시간이 되면 역할을 바꿔 실시한다.

소외되는 학생을 배려해 주세요!

반에서 소외되거나 따돌림을 당하는 학생이 있다면 가급적 닭 역할을 처음에 맡지 않도록 주의한다.

울타리 학생들은 팔만 사용할 수 있어요!

울타리 학생들은 너구리를 몸으로 막아내거나 발이나 무릎을 사용해 방어할 수 없다.

바꾸면 더 재미있어요!

울타리가 돌아가요!

울타리 학생들이 한 쪽 방향으로 돌면서 너구리를 방어하게 할 수 있다.

너구리에게 찬스를 주세요!

너구리가 "불이야!" 또는 "얼음!" 이라고 외치면 울타리 학생들이 3초 동안 잡고 있던 손을 풀게 하거나 움직이지 못하도록 규칙을 추가한다. 단, 기회는 한 번만 준다.

우정의 의미를 새기며 '벽 뚫기' 놀이를 해 봐요!

이 게임 전에 친구 사랑의 날을 정해 학생 전체가 왕따를 경험하는 '벽 뚫기' 놀이를 해 보자. 한 명의 술래를 정하고, 나머지 학생들이 모두 어깨동무를 하며 원을 만든 후 술래가 원 안으로 들어오지 못하도록 벽이 된다. 술래는 벽을 뚫고 들어가기 위해 안간힘을 쓰는 동안 똘똘 뭉친 친구들 밖에서 홀로 왕따가 되는 듯한 경험을 한다. 술래가 되었을 때의 느낌을 서로 나눈다면 친구 사랑의 의미를 되새길 수 있을 것이다.

양수쌤이 들려주는 체육수업 비법 ①

5 한 걸음 술래

적용 학년	초등	준 비 물	라인기 또는 콘
장 소	실내·외	준 비	10m×10m 게임장

모두 함께 한 걸음씩 옮기며 술래에게 태그 되지 않도록 피해봅시다.
좁은 공간에서도 쉽게 할 수 있는 재미있는 술래놀이랍니다.

Ⅲ. 마음껏 뛰며 하나되는, 신나는 술래놀이

이렇게 실시해요!

1) 전체 가위 바위 보로 한 명의 술래를 정한다.

2) 게임장 중간에 술래가 서면 나머지 학생들도 술래와 떨어져 자유롭게 선다.

3) 교사의 시작 신호에 술래가 "한 걸음!"이라고 외치면 술래와 모든 학생들이 한 걸음을 옮긴다.

4) 딱 한 걸음만 옮기되 앞, 옆, 뒤 등 사방으로 이동할 수 있다.

5) 한 걸음을 옮겼으면 두 발을 모으고 바르게 선다.

6) 한 걸음을 옮긴 후 술래는 손을 뻗어 다른 학생들을 태그해야 한다. 만일 태그할 수 있는 학생이 없다면 술래는 다시 "한 걸음!"을 외치고 모두 함께 한 걸음씩 옮긴다. 술래가 태그할 때까지 실시한다.

7) 술래에게 태그 되었거나 영역 밖으로 발이 나간 학생이 새로운 술래가 된다. 이때 나머지 학생들은 술래에게서 한 걸음씩 떨어져 이동한다.

8) 게임이 끝나면 술래가 한 번도 되지 않았던 학생들을 찾아 칭찬하고, 술래 역할을 한 학생들을 격려한다.

양수샘이 들려주는 활동 Tip

✤ 선생님이 대신 "한 걸음!"을 외칠 수 있어요!
✤ 술래에게 찬스를 주세요!
 "술래만 한 걸음!" 찬스를 만들어 술래가 한 번에 한해 쓸 수 있게 한다.

반드시 모두 한 걸음을 옮겨야 해요!

술래가 "한 걸음!"을 외치면 반드시 모든 학생들이 한 걸음씩 옮겨야 한다.

선생님이 첫 술래가 되어 주세요!

교사가 첫 술래가 되어 한 걸음씩 여러 방향으로 이동하며 재미있는 몸짓으로 학생들을 쫓아가 보자.

바꾸면 더 재미있어요!

"두 걸음"이나 "세 걸음" 술래로 변형할 수 있어요!

'뒤로 한 걸음 술래' 어때요?

뒤로 한 걸음씩 옮기면 술래와 모든 학생들이 서로의 움직임을 한 눈에 알 수 없기 때문에 더 흥미를 배가할 수 있다.

멀리 뛰기 수업을 할 때 활용해 보세요!

이동 방법을 제자리 멀리 뛰기로 바꾸어 술래가 "한 번 뛰어!"라고 외치면 모두 한 번씩 두 발로 제자리 멀리 뛰기를 하는 방법으로 바꿔본다.

미운오리새끼

적용 학년	초·중·고	준 비 물	라인기, 콘
장 소	실내·외	준 비	15m×15m 게임장

 백조에게 태그되면 오리가 되어 백조를 도와 다른 친구들을 태그해야해요.
쪼그려 앉아 다른 친구들을 태그하고 다니니 그야말로 미운 오리새끼죠?
자, 이제 백조를 피해 도망가 봅시다.

양수샘이 들려주는 체육수업 비법 ①

이렇게 실시해요!

1) 전체 가위 바위 보로 백조(술래)를 정한다.

2) 시작 신호에 따라 백조가 게임장 안으로 들어가면 모두 백조를 피해 도망간다.

3) 백조의 손에 태그된 학생은 미운 오리새끼가 되며 쪼그려 앉아 다른 다른 친구를 쫓아다니며 태그할 수 있다.

4) 백조나 미운 오리새끼에게 태그 되거나 달아나다가 게임장 영역을 벗어난 학생들도 미운오리새끼가 된다.

5) 미운 오리새끼의 수가 점점 늘어나 살아남은 학생들의 수가 3~4명 정도 되면 게임을 마치고 수고한 백조와 미운 오리새끼들을 칭찬해준다.

양수샘이 들려주는 활동 Tip

✠ 게임장 영역이 좁을 경우에는?

　공간이 좁을 경우 백조가 걸어 다니면서 태그하게 한다.

✠ 오리걸음을 오래 하면 힘들어요!

　한 게임은 5분을 넘기지 않도록 한다.

✠ 흥, 재, 의 1권의 '반창고' 술래놀이와 함께 해요!

III. 마음껏 뛰며 하나되는, 신나는 술래놀이

바꾸면 더 재미있어요!

✠ 미운 오리새끼가 백조로 성장할 수 있어요!

미운 오리새끼가 도망가는 친구 한 명을 태그하면 무릎을 펴고 허리만 숙인 채 날개짓하며 다니게 한다. 또 한 명을 더 태그하면 백조 술래가 되어 자유롭게 다닐 수 있도록 한다.

✠ 미운 오리새끼들이 제자리에만?

미운 오리새끼가 되면 이동하지 말고 태그된 자리에 앉아 지나가는 친구들을 태그하도록 변형할 수 있다.

7. 공격자와 수비자

적용 학년	초·중·고
장　　소	실내·외
준 비 물	두 명당 한 개의 빈백
준　　비	20m×20m 게임장

빈백을 들고 쫓는 공격자와 도망가는 수비자. 선생님의 "빨간불!" 소리가 들리면 모두 STOP! 공격자가 태그할 수 있으면 1점, 태그하지 못 하면 수비자가 1점을 얻는 1대 1 술래 게임입니다.

Ⅲ. 마음껏 뛰며 하나되는, 신나는 술래놀이

이렇게 실시해요!

1) 두 명씩 짝을 정한 뒤, 빈백 한 개를 가지고 게임장에 마주 선다.

2) 바닥에 빈백을 내려 놓고, 짝과 가위 바위 보를 한다.

3) 이긴 사람은 수비자가 되어 걸어서 도망간다.

4) 진 사람은 공격자가 되며 지면의 빈백을 들고 수비자를 걸어서 쫓아간다.

5) 공격자는 수비자와 가까워졌어도 태그할 수 없으며 쫓아만 다녀야 한다.

6) 교사가 "빨간불!"이라고 외치면 모두 그 자리에 멈춘다.

7) 공격자는 발을 지면에 붙인 상태에서 빈백을 든 손으로 수비자를 태그한다.

8) 태그에 성공하면 공격자가 1점을 얻고, 실패하면 수비자가 1점을 얻는다.

9) 빈백을 내려놓고 다시 가위 바위 보 하여 같은 방법으로 게임을 이어나간다.

10) 정해진 횟수 동안 게임을 하여 더 많은 득점을 한 학생이 이긴다.

양수쌤이 들려주는 활동 Tip

✳ **다양한 이동 스텝을 활용해 보세요!**
　　런닝, 스킵핑, 갤러핑, 슬라이드, 호핑, 점핑, 리핑 등도 활용해 보자.

✳ **주위를 잘 살피며 걸어요!**
　　자기 짝만 보며 쫓다가 다른 친구들과 충돌하지 않도록 주의해야 한다.

양수샘이 들려주는 체육수업 비법 ①

✳ '빨간불'인데 움직이면 무조건 패!

"빨간불!" 소리를 듣고도 바로 멈추지 않고 움직이면 공격자든 수비자든 무조건 패하는 것으로 규칙을 정한다.

✳ 걷기나 달리기 능력이 비슷한 친구끼리 짝을 지어요!

✳ "빨간불!" 대신 "얼음!"이라고 외칠 수 있어요!

바꾸면 더 재미있어요!

✳ 솜털공을 활용해 보세요!

빈백 대신 솜털공을 사용하여 빨간불이 되었을 때 공격자가 솜털공을 던져 수비자를 맞히게 한다.

✳ 스카프를 활용해 보세요!

두 사람 모두 스카프를 허리 뒤쪽에 하나씩 끼우고 시작해 빨간불이 되었을 때 공격자가 수비자의 스카프를 빼내게 한다.

✳ 공격자와 수비자를 정할 때 액션 가위 바위 보!

짝과 등을 대고 서 있다가 서로 뒤로 돌아서면서 액션 가위 바위 보를 한다.

III. 마음껏 뛰며 하나되는, 신나는 술래놀이

8 짝지 가위 바위 보 술래

적용 학년	초·중·고	준 비 물	라인기, 콘
장　　소	실내·외	준　　비	15m×15m 게임장

두 사람이 가위 바위 보! 이긴 사람은 걸어서 도망가고,
진 사람은 신체활동 과제를 한 후 태그하러 출동!

135

이렇게 실시해요!

1) 두 명씩 짝을 짓는다.

2) 게임장 안에서 둘이 마주보고 가위 바위 보를 한다.

3) 이긴 사람은 걸어서 도망가고, 진 사람은 스타점프를 2회 한 후 걸어서 쫓아가 태그한다.

4) 태그가 되면 다시 가위 바위 보를 하여 같은 방법으로 실시한다.

5) 이동 스텝을 바꿔서 게임을 이어나간다.

6) 열심히 활동한 학생들을 칭찬한다.

양수샘이 들려주는 활동 Tip

이동 스텝에 따라 게임장 크기를 조절해요!

런닝, 스킵핑, 슬라이드 등은 빠르게 움직일 수 있는 이동 스텝이므로 게임장의 크기를 20m×20m(30명 기준)로 넓게 한다.

걷기는 달리기가 아니에요!

걷기로 하라고 해도 달리는 학생들이 생긴다. 게임 전에 시범을 통해 걷기는 한 발이 지면에 있을 때 한 발은 공중에 있는 방법이며 달리기는 순간이지만 두 발이 모두 공중에 떠 있는 방법임을 안내한다.

준비 운동으로 활용해요!

8가지 이동 스텝을 적용하여 8가지 준비운동으로 활용해 보자.

III. 마음껏 뛰며 하나되는, 신나는 술래놀이

✤ 다양한 신체활동 과제를 주세요!

가위 바위 보에 진 친구의 신체활동 과제를 스쿼트, 런지, 푸시-업 등으로 다양하게 제시할 수 있다.

✤ 2 대 2 술래 게임으로 할 수 있어요!

두 명씩 팀이 되어 다른 팀과 가위 바위 보 하여 이긴 팀은 손을 잡고 도망가고, 진 팀은 신체활동 과제를 한 후 이긴 팀을 쫓는다. 이때 두 명이 함께 할 수 있는 신체활동 과제는 '홍, 재, 의 1권'의 우주비행선 한 바퀴 돌기나 두 손을 맞잡고 앉았다 일어서기 등으로 실시한다.

양수샘이 들려주는 체육수업 비법 ①

9   외발 술래

적용 학년	초·중	준비물	후프 1개, 원마커 3개
장　소	실내·외	준　비	20m×20m 게임장

한 발로만 다닐 수 있는 술래놀이로 술래에게 태그 되어 감옥에 간 친구들을 구해주며 서로 협력하는 놀이랍니다.

III. 마음껏 뛰며 하나되는, 신나는 술래놀이

이렇게 실시해요!

1) 전체 가위 바위 보로 두 명의 술래를 정한 후 식별조끼를 입게 한다.

2) 술래는 후프(술래집)에 들어가고, 나머지 학생들은 게임장 안에 자유롭게 선다.

3) 시작 신호에 따라 술래는 집에서 나와 외발로 뛰어 친구들을 쫓고, 도망가는 친구들도 외발로 뛰어 도망 다닌다.

4) 도망가다가 두 발이 지면에 닿거나, 술래에게 태그 되면 감옥에 가야 하며 이때에는 두 발로 걸어갈 수 있다.

5) 외발로 뛰다가 지치면 오아시스(원마커)에서 두 발로 서 5초 간 쉴 수 있다. 5초가 지나면 나와야 하며, 술래는 오아시스 옆에서 기다릴 수 없다.

6) 오아시스에서 나온 학생은 같은 오아시스로 바로 들어갈 수 없다.

7) 술래도 후프(집)과 오아시스, 감옥에 들어가 5초간 쉴 수 있다.

8) 감옥에 있는 친구에게 살아있는 친구들이 외발로 뛰어가 하이파이브해 주면 살아 나와 게임에 다시 참여할 수 있다.

9) 일정한 시간동안 게임을 한 후 술래로 바꿔 게임을 이어나간다.

양수샘이 들려주는 활동 Tip

✠ 게임장의 크기 및 인원 수를 고려해 술래의 수를 늘릴 수 있어요!

✠ 외발 뛰기가 어려운 저학년에게는?

5발, 또는 10발을 가면 반대발로 바꾸는 것을 허용하고, 오아시스에 들어가 발을 바꾸도록 안내한다. 오아시스의 수를 늘려주는 방안도 고려하자.

✠ 나는 아웃되었어!

감옥으로 갈 때 한 팔을 들어 아웃되었음을 알리게 한다.

✠ 태그할 때는 가볍게 터치해요!

한 발로 뛰는 친구를 밀면서 태그하면 넘어질 수 있으므로 사전에 지도한다.

바꾸면 더 재미있어요!

✠ '점핑 술래' 어때요?

두 팔을 앞으로 들고 강시처럼 점핑(모둠발)으로 쫓고, 점핑으로 도망가도록 한다.

10. 불가사리와 말미잘

적용 학년	초·중·고	준 비 물	식별조끼, 뿅망치
장 소	실내·외	준 비	20m×20m 게임장

 불가사리 술래에게 태그되면 그 자리에서 말미잘이 되어 앉아 있다가 한 발과 한 팔을 뻗으며 지나가는 친구들을 태그하는 술래놀이입니다.

이렇게 실시해요!

1) 전체 가위 바위 보로 불가사리 술래 한 명을 정한 후 식별조끼를 입게 한다.

2) 시작 신호에 불가사리는 뿅망치를 들고 쫓아가고, 나머지 친구들은 게임장 안에서 술래를 피해 도망 다닌다.

3) 술래의 뿅망치에 맞으면 그 자리에 쪼그려 앉아 말미잘이 된다.

4) 말미잘은 불가사리를 도와 다른 친구들을 태그할 수 있으며 쪼그려 앉은 자세에서 한 발과 한 팔을 쭉 뻗어 태그한다.

5) 불가사리를 피해 도망가다가 게임장을 벗어난 경우에도 게임장 안쪽으로 들어와 말미잘이 된다.

6) 살아남은 학생들이 3~5명 정도가 되면 게임을 멈추고, 새로운 불가사리 술래를 뽑아 게임을 이어나간다.

양수샘이 들려주는 활동 Tip

✷ 저학년이라면?

말미잘이 되었을 때 두 팔을 벌리고 서서 태그하게 한다.

✷ 말미잘인 척 하면 안 돼요!

말미잘이 아니면서 말미잘인 것처럼 제자리에 앉아 있다가 끝까지 살아남았다고 하는 학생이 없도록 사전에 지도한다.

바꾸면 더 재미있어요!

✳ 말미잘도 움직일 수 있도록 바꿔 봐요!

말미잘이 한 명을 챌 때마다 한 발씩 옮기도록 한다. 이때에는 말미잘이 한 팔을 들어 자신이 한 발을 움직일 수 있는 말미잘임을 알리게 한다.

양수샘이 들려주는 체육수업 비법 ①

 **스파이 술래**

적용 학년	초·중·고
장 소	실내·외
준 비 물	라인기, 콘
준 비	20m×20m 게임장

누가 술래인지 모르는 상태에서 시작하는 술래놀이로 모든 친구와 거리를 두고 시작해 잠시 후 스파이가 본색을 드러내 친구들을 태그하는 흥미진진한 술래게임입니다.

III. 마음껏 뛰며 하나되는, 신나는 술래놀이

이렇게 실시해요!

1) 준비체조 대형으로 서서 모든 학생들이 눈을 감고 고개를 숙이도록 한다.

2) 교사는 학생들 사이를 걸어 다니면서 3-4명(25-30명 기준)의 뒷목을 손가락으로 가볍게 눌러 스파이로 정해 준다.

3) 선생님께 뒷목을 눌린 학생들은 조용히 고개를 들게 하여 서로를 눈으로 확인하게 한다.

4) 스파이가 누구인지 나머지 학생들이 모르는 상태에서 서로 2m이상 넓게 선다.

5) 시작 신호에 따라 게임장 내에서 뛰어다니다 교사가 "스파이 활동 개시!" 하고 외치면 스파이가 다른 학생들을 태그할 수 있다.

6) 스파이에게 태그되면 게임장 밖으로 나가 안에서 활동하는 친구들을 지켜본다.

7) 스파이에게 태그되지 않은 학생들이 3~5명 정도 되면 게임을 멈춘다.

8) 끝까지 살아남은 학생들과 가장 많은 친구를 태그한 스파이를 찾아 칭찬한다.

9) 새로운 스파이를 정해 게임을 이어나간다.

양수샘이 들려주는 체육수업 비법 ①

양수샘이 들려주는 활동 Tip

✤ **다양한 방법으로 스파이를 정해 봐요!**

'스파이 카드(증명서)'를 손에 몰래 쥐어주거나 '스파이 손목 밴드'를 주어 몰래 손목에 차고 활동하게 한다.

✤ **소극적이고 자존감이 낮은 학생에게 스파이를 하게 해 주세요!**

스파이는 서로 하고 싶어 하기 때문에 이런 기회에 소극적이고, 자존감이 낮은 학생들이 먼저 경험할 수 있도록 배려하고, 달리기를 잘 하는 학생과 그렇지 않은 학생을 스파이에 골고루 포함시켜 도망가는 학생들이 게임의 재미를 제대로 느낄 수 있게 한다.

바꾸면 더 재미있어요!

✤ **스파이끼리도 모르게 해요!**

스파이가 된 학생들끼리 서로 확인하는 과정을 없애면 스파이끼리 서로 태그를 하고 나서 "너도 스파이였어?" 하며 놀라게 된다.

✤ **"스파이 활동 개시!"와 함께 태그되면 억울해요!**

스파이가 누구인지 모르는 상태에서 스파이 바로 옆에 있던 학생들은 스파이가 활동을 시작하자마자 태그될 수 있다. 이런 경우 선생님과 가위 바위 보 대결을 신청해 이기면 다시 게임에 참여할 수 있도록 기회를 줄 수 있다.

12. 허수아비 술래

적용 학년	초·중·고
장　　소	실내·외
준 비 물	라인기, 콘
준　　비	20m×20m 게임장

 술래를 피해 도망가던 친구들이 허수아비 친구의 어깨를 치며 "허수아비!" 라고 외치면 어깨를 친 친구가 새로운 허수아비가 되고, 원래 허수아비 친구가 대신 도망가게 되는 술래게임입니다.

양수샘이 들려주는 체육수업 비법 ①

 **이렇게 실시해요!**

1) 전체 가위 바위 보를 하여 3~4명(25-30명 기준)의 허수아비와 술래 한 명을 정한다.

2) 시작신호에 허수아비들은 두 팔을 양 옆으로 벌린 채 서 있고, 나머지 학생들은 술래를 피해 달아난다.

3) 술래에게 태그되거나 술래를 피해 달아나다가 게임장 안을 벗어난 경우 게임장 밖에 나가 스타점프 5회, 푸시-업 3회 등 정해진 신체활동 과제를 해야 게임에 다시 참여할 수 있다.

4) 술래를 피해 도망가다가 허수아비의 뒤에서 허수아비의 어깨를 두 손으로 가볍게 누르며 "허수아비!"라고 외치면 서 있던 허수아비 친구는 도망가고, 어깨를 누른 친구가 새로운 허수아비가 되어 두 팔을 벌리고 서 있어야 한다.

5) 정해진 시간동안 게임을 한 다음 새로운 허수아비와 술래를 뽑아 게임을 이어나간다.

 **양수샘이 들려주는 활동 Tip**

✠ "허수!" 외치면 "아비!" 하고 받아요!

　도망가던 학생이 허수아비의 양 어깨를 치면서 "허수!" 하고 외치면 원래 허수아비는 "아비!"라고 외치며 도망가게 할 수 있다.

✠ 허수아비 앞에 술래가 있으면?

　허수아비 앞쪽에 술래가 있는데 허수아비를 쳐 주면 쉽게 술래에게 태그될 수 있으므로 허수아비 친구도 잘 도망갈 수 있게 배려해야 함을 지도한다.

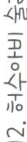

III. 마음껏 뛰며 하나되는, 신나는 술래놀이

바꾸면 더 재미있어요!

✣ 어깨 치기 대신 어깨 안마로!

허수아비의 어깨를 치는 대신 3번 안마하기로 변형해 본다.

✣ '까마귀와 농부 술래'로 변형해요!

농부 한 명을 정해 술래가 되고, 나머지 학생들은 까마귀가 되어 두 팔을 좌우로 날개짓 하며 도망다니게 한다. 까마귀가 태그되면 그 자리에서 박제되어 움직일 수 없고, 박제된 까마귀 친구의 어깨를 다른 까마귀가 두 번 주물러주면 살아나 게임에 다시 참여하게 한다.

13 쥬라기 공원

적용 학년	초·중
장　　소	실내·외
준 비 물	라인기, 콘
준　　비	20m×20m 게임장

공룡 술래의 대답에 따라 "예스!"에는 출발하고 "노!"에는 출발하지 못하는 술래놀이로 쥬라기 공원에 있는 공룡을 피해 안전지대로 무사히 건너가야 하는 술래 게임입니다.

III. 마음껏 뛰며 하나되는, 신나는 술래놀이

이렇게 실시해요!

1) 전체 가위 바위 보로 공룡 술래를 정한다.

2) 공룡은 게임장 중앙에 서고, 나머지 학생들은 한 쪽 출발선에 공룡과 마주 선다.

3) 교사의 시작 신호에 따라 모두 함께 "공룡아, 공룡아, 배고파?" 하고 묻는다.

4) 공룡은 "예스!" 또는 "노!"라고 답할 수 있다.

5) 공룡이 "예스!"라고 답하면 출발선에 있던 친구들은 공룡을 피해 건너편 안전지대를 향해 가야한다.

6) 공룡이 "노!"라고 답하면 출발하지 못하고 서 있다가 다시 "공룡아, 공룡아, 배고파?" 하고 묻는다.

7) 출발하여 쥬라기 공원을 건너다가 공룡에게 태그되거나 게임장을 벗어나면 아웃된 자리에 서서 지나가는 친구들을 태그하는 아기공룡이 된다.

8) 태그되지 않고 무사히 건너편 안전지대로 갔으면 뒤로 돌아 다시 공룡과 마주 서서 같은 방법으로 공룡과 아기공룡을 피해 쥬라기 공원 건너가기를 반복한다.

9) 살아남은 학생들이 3~5명 정도가 되면 게임을 끝내고 칭찬한다.

양수샘이 들려주는 체육수업 비법 ①

 양수샘이 들려주는 활동 Tip

✡ 아기공룡은 움직일 수 없지만 뒤로 돌 수는 있어요!

친구들이 출발하는 방향이 바뀔 때마다 아기공룡이 친구들과 마주 보는 방향으로 뒤돌아 서는 것은 허용한다.

✡ "노!"만 하면 재미없어요!

공룡에게 물을 때마다 "노!"를 연속으로 하면 묻는 친구들이 게임에 흥미를 잃게 되므로 연속으로 "노!"를 하지 못하도록 규칙을 정한다.

✡ 공룡 술래의 수는 늘리지 말아요!

쫓아다니는 공룡의 수를 늘리면 도망가는 학생들끼리 서로 걸려 넘어질 수 있기 때문에 공룡은 한 두 명으로 제한한다.

✡ 공룡을 피해 달아나는 경험을 많이 갖게 하려면?

태그되거나 게임장을 벗어났을 때 아기공룡이 되는 대신 게임장 밖에서 정해진 신체활동 과제(스쿼트 5회, 스타점프 10회 등)를 한 후 다시 참여하게 한다.

✡ 고학년 학생들에게도 적용할 수 있을까요?

고학년이라면 공룡과 묻고 답하는 활동을 빼고 교사의 출발 신호에 따라 바로 출발하게 한다.

III. 마음껏 뛰며 하나되는, 신나는 술래놀이

바꾸면 더 재미있어요!

✤ **아기공룡도 말미잘처럼?**

아기공룡도 말미잘 술래처럼 쪼그려 앉아 있다가 순간적으로 한 팔과 한 쪽 다리를 뻗어 챌 수 있도록 변형해 본다.

✤ **공룡의 활동 범위를 제한할 수 있어요!**

공룡이 움직일 수 있는 영역을 게임장 중앙(쥬라기 공원)에 그려주어 공룡도 그 영역을 벗어나지 못하게 한다. 이때에는 공룡에게 태그되거나 게임장 영역을 벗어난 학생들이 또 다른 공룡이 되어 쥬라기 공원을 지키고 그 곳을 통과하는 게임으로 변형한다.

선생님의 반짝이는 아이디어를 메모해 보세요

14 삼겹살 술래

적용 학년	초·중·고	준 비 물	라인기, 콘
장 소	실내·외	준 비	20m×20m 게임장

돼지껍데기-살코기-삼겹살, 세 명이 앞 사람 어깨에 두 손을 얹고 있어요. 도망가던 친구가 삼겹살 친구의 어깨에 두 손을 올리며 "삼겹살!"을 외치면 맨 앞에 있던 돼지껍데기가 떨어져 나가면서 대신 도망가야 하는 술래 게임입니다.

III. 마음껏 뛰며 하나되는, 신나는 술래놀이

이렇게 실시해요!

1) 전체 가위 바위 보로 술래 한 명과 도망가는 친구 한 명을 정한다.

2) 나머지 학생들은 세 명씩 그룹을 지어 가위 바위 보를 한다. 1등은 삼겹살, 2등은 살코기, 3등은 돼지껍데기가 되어 돼지껍데기-살코기-삼겹살 순으로 앞 사람 어깨에 손을 올리고 선다.

3) 술래와 도망가는 친구는 서로 반대편에 서 있다가 게임 시작 신호에 따라 술래가 도망가는 친구를 쫓는다.

4) 도망가는 친구는 곳곳에 서 있는 친구들 중 맨 뒤에 있는 삼겹살 친구의 어깨 위에 손을 얹으며 "삼겹살!" 하고 외치면 그 그룹의 삼겹살이 되어 설 수 있다. 대신 그 줄의 맨 앞에 있던 돼지껍데기 친구가 도망가야 한다.

5) 도망가던 친구가 술래에게 태그가 되면 서로 반대쪽에 서게 한 다음 역할을 바꾸어 실시한다.

6) 일정 시간 동안 게임을 한 뒤 술래와 도망가는 친구를 새로 정하여 게임을 이어간다.

양수샘이 들려주는 활동 Tip

✤ 10초 이내에 '삼겹살'이 되야 해요!

도망가는 친구가 혼자 도망 다니기만 하면 나머지 학생들은 게임에 흥미를 잃을 수 있으므로 10초 이내에 "삼겹살!"을 외치며 역할을 바꿔야 한다. 10초가 넘으면 자동 아웃되어 술래와 역할을 바꾸도록 한다.

✤ 세 명씩 짝이 맞지 않아요!

인원이 모자랄 때는 선생님이 짝이 되어주거나 한 명만 어깨 위에 손을 얹고('돼지껍데기'와 '살코기') 두 명으로 운영할 수 있다.

✤ 이성 친구 뒤에 '삼겹살'이 되기 싫어해요!

고학년은 남자는 남자, 여자는 여자의 어깨에만 손을 올리려 할 수 있기 때문에 게임 전에 남자는 여자, 여자는 남자 어깨에만 손을 올리도록 규칙을 정한다.

바꾸면 더 재미있어요!

✤ "돼지껍데기!"를 외치면?

도망가던 친구가 돼지껍데기 앞에 등을 보이며 서면서 "돼지껍데기!" 하고 외치면 원래 돼지껍데기 친구는 어깨에 손을 얹어 한 줄이 되게 하고, 맨 뒤에 있던 삼겹살 친구가 떨어져 나가 도망가는 규칙을 추가해 보자.

✤ 가로로 서서 해 봐요!

어깨를 올리는 대신 가로로 서서 서로 손을 잡거나 팔짱을 끼고 있다가 도망가던 친구가 한 쪽 끝에 붙으면 반대쪽 친구가 떨어져 나가거나 가운데 있던 친구가 도망가도록 변형한다. (홍, 재, 의 1권의 도망가! 잡아라!(2) 술래 참고)

✤ 삼겹살들도 움직이게 해 보세요!

'돼지껍데기-살코기-삼겹살'도 영역 안에서 어깨 위에 손을 올린 채 걸어 다니면서 술래 게임이 하도록 해 보자.

III. 마음껏 뛰며 하나되는, 신나는 술래놀이

15 도로와 골목

적용 학년	초·중·고	준 비 물	라인기, 콘
장　　소	실내·외	준　　비	체조 대형보다 사방 1m 넓은 사각형 그리기

'비포장도로', '도로', '골목', '고속도로' 라는 지시어를 잘 듣고 두 팔을 들거나 옆으로 펼치고, 방향을 바꿔 봅시다. 술래는 친구들 팔을 요리조리 피해 도망가는 친구를 태그해야 합니다.

양수샘이 들려주는 체육수업 비법 ①

 이렇게 실시해요!

1) 전체 가위 바위 보로 술래 한 명과 도망가는 친구 한 명을 정한다.

2) 나머지 학생들은 체조 대형으로 서되 양 팔을 벌렸을 때 양 옆과 앞뒤에 있는 친구들과 손끝이 닿을까 말까한 간격을 유지한다.

3) 교사가 부르는 지시어에 따라 다음과 같이 자세를 바꾼다.
　① 비포장도로: 팔을 내린 채로 서 있기
　② 도로: 정면을 보고 양 팔을 좌우로 펼치기
　③ 골목: 양 팔을 좌우로 펼친 채로 오른쪽으로 90도 턴하여 서기
　④ 고속도로: 두 팔을 어깨 위로 올리기

4) 술래와 도망가는 친구를 서로 반대쪽에 위치하게 한 다음 게임을 시작한다.

5) 술래가 도망가는 친구를 쫓는 동안 교사는 '비포장도로', '도로', '골목', '고속도로'를 수시로 바꿔 불러준다.

6) 술래와 도망가는 친구는 서 있는 학생들의 팔 사이나 아래로 지나갈 수 있다.

7) 술래가 도망가는 친구를 태그했거나 도망가다가 영역 밖으로 나갔을 경우 서로의 역할을 바꾸어 진행한다.

8) 일정 시간 동안 게임을 한 뒤 술래와 도망가는 친구를 새로 정하여 게임을 이어간다.

III. 마음껏 뛰며 하나되는, 신나는 술래놀이

양수쌤이 들려주는 활동 Tip

✤ 처음에는 '비포장도로' 와 '도로' 만 활용해요!
  '비포장도로' 와 '도로' 에 익숙해지만 '골목' 과 '고속도로' 를 추가한다.

✤ 술래 게임 전에 네 가지 자세를 충분히 연습해요!
  네 가지 지시어에 따라 빠르게 반응하여 팔을 들고 방향을 바꾸는 연습을 충분히 해두어야 한다.

✤ 친구들의 팔에 부딪히지 않도록 조심해요!
  양 팔을 펼치거나 방향을 바꾸다가 팔에 도망가거나 쫓아가던 친구들이 부딪힐 수 있다는 점을 게임 전에 안내하여 팔 아래로 숙여 지나도록 지도한다.

바꾸면 더 재미있어요!

홍, 재, 의 1권의 '도망가 잡아라' 술래 게임의 규칙을 적용하여 양 팔을 들고 서 있는 친구의 등이나 어깨를 가볍게 터치하며 "도망가, 잡아라!"를 외치면 대신 쫓고 도망가는 술래 게임이 되도록 응용할 수 있다.

16. 톰과 제리

적용 학년	초·중·고	준 비 물	라인기, 콘
장　　소	실내·외	준　　비	15m×15m 게임장

제리가 톰을 피해 도망다니다가 줄의 한쪽 끝에 앉으면 반대쪽 끝에 있던 친구가 새로운 톰이, 원래 톰은 새로운 제리가 되어 도망가야 해요. 우리 모두 톰과 제리가 되어 봅시다.

Ⅲ. 마음껏 뛰며 하나되는, 신나는 술래놀이

이렇게 실시해요!

1) 전체 가위 바위 보로 톰과 제리 한 명씩을 정한다.

2) 나머지 학생들은 십자 대형으로 선 후 제자리에 쪼그려 앉는다.

3) 톰과 제리는 서로 반대쪽 끝에 있다가 시작 신호에 따라 톰이 제리를 쫓는다.

4) 제리는 도망가다가 잡힐 것 같으면 어느 줄의 앞이나 뒤쪽 끝에 앉을 수 있다.

5) 이때 제리가 앉은 줄의 끝에 있던 학생이 톰이 되고, 쫓아가던 톰은 제리로 바뀌어 도망가야 한다.

6) 톰이 제리를 태그했으면 서로 역할을 바꾸어 같은 방법으로 실시한다.

7) 일정 시간 동안 게임을 한 뒤 톰과 제리를 새롭게 정해 게임을 진행한다.

양수샘이 들려주는 활동 Tip

✠ 십자 대형 가운데 공간에 여유를 두세요!

　제리가 도망가다가 십자 대형의 앞쪽에 계속 앉게 되면 톰과 제리가 이동할 수 있는 공간이 좁아지므로 십자 대형의 중앙 간격을 넓게 한다.

✠ 한 쪽 무릎은 바닥에, 반대쪽 무릎은 세워 앉아요!

　두 무릎을 구부리고 쪼그려 앉으면 게임하는 동안 매우 불편할 수 있다.

✠ 톰과 제리의 역할이 어떻게 바뀌는지 충분히 안내해요!

　톰과 제리의 역할이 순식간에 바뀌기 때문에 서로 쫓거나 서로 도망가는 코믹한 광경이 연출되기도 한다. 게임 전에 시범을 통해 충분히 설명해야 한다.

양수샘이 들려주는 체육수업 비법 ①

✽ **톰과 제리 역할을 여러 학생들이 경험할 수 있게 해 주세요!**

줄의 중간에 앉은 학생들은 톰이나 제리가 되기 어려우므로 일정 시간 동안 게임을 한 후 새로운 톰과 제리를 정하여 운영해야 한다.

바꾸면 더 재미있어요!

✽ **방사형으로 앉게 해 보세요!**

참여할 학생의 인원이 많거나 톰과 제리의 역할을 더 많이 경험시키기 위해서라면 방사형으로 세워 운영할 수 있다.

✽ **"잡아라!"를 크게 외쳐요!**

홍, 재, 의 1권의 '도망가 잡아라 술래'와 같이 제리가 줄 끝에 앉을 때 "잡아라!"를 크게 외치게 하면 새로운 톰이 된 학생이 보다 쉽게 알 수 있다.

17. 뉴 알러뷰 술래

적용 학년	초·중
장　　소	실내·외
준 비 물	소프트하키채
준　　비	20m×20m 게임장

술래에게 태그되면 "사랑해!"라고 말하며 얼음 마법에 걸려요.
사랑의 윙크 총을 쏴주어 친구들의 얼음 마법을 풀어 주며
뉴 알러뷰 술래 게임에 참여해 봅시다.

양수샘이 들려주는 체육수업 비법 ①

 이렇게 실시해요!

1) 전체 가위 바위 보로 얼음 마법사 술래 두 명을 정한다.

2) 나머지 학생들은 게임장 안에서 자유롭게 선다.

3) 시작 신호에 한 명의 마법사가 도깨비방망이(소프트 하키채)를 들고 친구들을 쫓는다. 나머지 술래 한 명은 게임장 밖에서 대기한다.

4) 마법사의 도깨비방망이에 태그되었거나 태그될 것 같으면 그 자리에서 "사랑해!"라고 외치며 두 손으로 하트를 만들고 서서 얼음 마법에 걸린다.

5) 이때 두 손을 가슴 앞에 올려 엄지손가락은 아래로 나머지 네 손가락은 위로하여 양손을 붙여 조그만 하트를 만든다.

6) 사랑의 얼음 마법에 걸린 학생의 앞에 가서 '사랑의 윙크 총 쏘기'를 다른 친구가 해주면 얼음 마법에서 풀려나 다시 게임에 참여할 수 있다.

7) 술래는 다른 친구를 구해주는 학생을 태그하거나 그 앞에서 기다릴 수 없다.

8) 술래가 지쳤거나 일정한 시간동안 술래를 했으면 다른 술래와 교대하게 한다.

9) 정해진 시간 동안 게임을 진행한 후 새롭게 술래를 정해 게임을 이어나간다.

10) 게임 후에 마법에 걸린 친구를 구해주었을 때와 도움을 받아 게임에 다시 참여하게 된 느낌을 서로 나누어 본다.

Ⅲ. 마음껏 뛰며 하나되는, 신나는 술래놀이

양수샘이 들려주는 활동 Tip

✤ 저학년은 더욱 재미있는 자세로!

얼음 마법에 걸리면 자신의 얼굴을 두 손으로 받치고 엉덩이를 뒤로 쭉 빼고 서 있게 한다. 이를 구해주려면 친구의 엉덩이에 자신의 엉덩이로 부딪히며 "친구야, 사랑해!"를 외치게 한다.

✤ 게임장의 크기를 늘리고 술래도 두 명으로!

더 재미있게 진행하려면 게임 영역을 넓히고 한 명의 술래는 달려서 쫓고, 다른 한 명은 걸어서 쫓도록 게임 방법을 바꿔본다.

✤ 친구들이 구해주면 되니까 태그되도 괜찮아!

도움을 받을 때마다 계속 살아날 수 있으므로 적극적으로 술래를 피하지 않는 학생이 생긴다. 친구의 도움으로 세 번 살아났으면 네 번째 도움을 받을 때부터는 게임장 밖에 나가 미리 정한 신체활동 과제를 실시하고 "친구야, 사랑해! 선생님, 사랑해요!를 외쳐야 다시 게임에 참여하게 한다.

바꾸면 더 재미있어요!

✤ 얼음 마법에 걸린 친구를 두 학생이 협력하여 구하게 해요!

얼음 마법에 걸리면 두 팔을 위로 들어 크게 하트 모양을 만들고 선다. 이를 구하려면 두 명의 친구가 양쪽에서 한 팔씩 잡고 내려준다. 이때 도움 받는 친구는 "친구들아, 사랑해!"를 외치게 한다.

양수샘이 들려주는 체육수업 비법 ①

18 변기 술래

적용 학년	초·중	준 비 물	소프트하키채
장 소	실내·외	준 비	20m×20m 게임장

응가 술래는 태그하며 '좌변기' 또는 '소변기' 동작을 정해 줘요.
좌변기와 소변기 친구들을 구하며 술래 게임에 참여해 봅시다.

Ⅲ. 마음껏 뛰며 하나되는, 신나는 술래놀이

 이렇게 실시해요!

1) 전체 가위 바위 보로 응가 술래 두 명을 정한다.

2) 나머지 친구들은 게임장 안에서 자유롭게 선다.

3) 시작 신호에 한 명의 응가술래는 도깨비방망이(소프트 하키채)를 들고 친구들을 쫓고 나머지 술래는 게임장 밖에서 대기한다.

4) 응가 술래는 태그할 때 "좌변기!" 또는 "소변기!"라고 외치며 태그된 학생은 그에 따라 다음과 같은 자세를 해야 한다.

　① 좌변기: 쪼그려 앉아 한 팔을 뒤로 받쳐 지면에 대고 나머지 팔은 변기 레버처럼 위로 든다.

　② 소변기: 제자리에 서서 두 팔을 양 옆으로 벌린다.

5) 친구를 구하는 방법은 다음과 같다.

　① 좌변기: 들고 있는 변기 레버 팔을 내려준다. 이때 좌변기 친구는 일어나면서 "쏴~아!"하고 변기 물 내려가는 소리를 낸다.

　② 소변기: 한쪽 팔을 밀며 돌리는 시늉을 한다. 이때 소변기 친구는 양 팔을 벌린 채 한 바퀴를 돌면서 "쏴~아!"하고 물 내려가는 소리를 낸다.

6) 응가 술래가 지치면 다른 술래와 교대하게 한다.

7) 게임 후에 변기가 된 친구를 구해주었을 때와 도움을 받아 게임에 다시 참여하게 된 느낌을 함께 나누어 본다.

양수샘이 들려주는 활동 Tip

✵ '비데' 자세도 추가해요!

술래에게 태그되어 '비데'가 되면 마치 볼일을 보듯 쪼그려 앉는다. '비데' 친구를 구하려면 '비데' 친구와 마주보고 쪼그려 앉아 두 손을 마주 대어 합장하고 인지(두 번째) 손가락을 총 쏘는 자세로 한 다음 위 아래로 들었다 내린다. '비데' 친구는 "어이! 시원해!" 하고 외치며 다시 살아난다.

✵ 응가와 관련된 넌센스 퀴즈로 흥미 업!

학생들은 똥, 오줌, 응가, 코딱지 등의 단어가 나오면 유난히 재미있어한다. 게임 전에 똥과 관련된 넌센스 퀴즈로 동기유발을 하면 어떨까?

하나. 엉덩이와 엉덩이 사이에 사는 용은? ………………………………… 똥구녕

두울. 엉덩이와 엉덩이 사이에 사는 새는? ………………………………… 똥냄새

세엣. 엉덩이와 엉덩이 사이에 사는 뱀은? ………… 설사(한자의 뱀사자를 생각해서)

네엣. 엉덩이와 엉덩이 사이에 있는 냇가는? ………………………………… 구린내

✠ 좌변기, 소변기 대신에!

응가 술래가 태그할 때 "똥이야!" 하면 좌변기 자세, "오줌이야!" 하면 소변기 자세를 하게 한다.

✠ '화장실 술래'로 변형해 보세요!

응가 술래 대신 화장실 술래를 정하고 "샤워기!"를 하나 더 추가한다.

'샤워기'가 되면 서서 한쪽 팔을 들어 손바닥(샤워기의 물 나오는 곳)이 지면을 향하도록 하고, 다른 한 손은 배꼽 부분에서 엄지(레버)를 세우고 선다. 샤워기 친구를 구해주려면 그 앞에 서서 엄지(레버)를 눌러준다. 이때 샤워기는 역시 "쏴~아!" 하고 외쳐야 하며, 레버를 누른 친구는 샤워하는 동작을 하며 "아! 시원하다!" 라고 말해야 한다.

양수샘이 들려주는 체육수업 비법 ①

19 친구 이름을 불러라!

적용 학년	초·중
장　　소	실내·외
준 비 물	소프트하키채 2개
준　　비	10m×10m 게임장

2인 3각 고리를 활용하면 편리해요!

술래는 두 발을 모아 **점핑**으로 친구들을 쫓아요!

1초, 2초..

방금 붙었던 친구와 바로 붙을 수 없어요!

영희야!

나랑 붙자!

세 명은 안돼! 다른 친구랑 만나!

혼자 있는 친구는 계속 때릴 수 있어요!

도깨비방망이는 혼자 다니는 친구만 때린대요. 친구와 붙을 수 있는 시간은 3초! 여러 친구들을 만나며 도깨비방망이를 피해 봅시다.

III. 마음껏 뛰며 하나되는, 신나는 술래놀이

이렇게 실시해요!

1) 전체 가위 바위 보로 술래 두 명을 정한다.

2) 나머지 친구들은 게임장 안에서 자유롭게 선다.

3) 시작 신호에 두 명의 술래는 도깨비방망이(소프트 하키채)를 들고 두 발을 모아 점핑으로 쫓아다닌다.

4) 술래는 혼자 있는 친구들을 다른 친구와 붙기 전까지 계속 때릴 수 있다.

5) 술래에게 태그되지 않으려면 친구와 붙어야 하며 이때 붙을 친구의 이름을 서로 불러 주어야 한다.
   예〉 "춘향아!", "몽룡아!"

6) 두 명이 붙어 있는 친구들은 술래가 때릴 수 없다. 단, 3초가 지나면 떨어져야 하며 방금 붙었던 친구와 바로 다시 붙을 수 없다.

7) 세 명 이상 붙어 있으면 술래는 이들을 모두 때릴 수 있다.

8) 두 명의 술래가 한 친구를 동시에 때릴 수 없다.

양수샘이 들려주는 활동 Tip

✵ 2인 3각 고리를 활용하면 편해요!
   술래가 모둠발로 점핑할 때 2인 3각 고리를 양 발에 차고 뛰게 한다.

✵ 도깨비방망이로 태그할 때는 터치하듯 약하게!

✵ 친구의 이름을 잘못 불렀을 때도 술래가 태그할 수 있어요!

양수샘이 들려주는 체육수업 비법 ①

바꾸면 더 재미있어요!

✠ '흥, 재, 의 1권'의 '친구와 붙어라' 게임과 연계해요!

학기 초 '친구와 붙어라' 게임으로 서로의 얼굴을 익히고, 이름을 부를 정도로 친근해졌을 때 본 게임을 활용해 보자.

✠ 술래를 한 명으로! 점핑 대신 자유롭게 런닝으로!

Ⅲ. 마음껏 뛰며 하나되는, 신나는 술래놀이

20 스타일 술래

적용 학년	초·중·고
장　　소	실내·외
준 비 물	소프트하키채
준　　비	20m×20m 게임장

술래에게 태그될 것 같으면 스타일 동작 중 하나를 하며 얼음이 되요.
얼음이 된 친구 앞에 가서 같은 동작을 따라해 주면 친구 구해주기 완료!
친구들을 도우며 술래를 피해 도망가 봅시다.

양수샘이 들려주는 체육수업 비법 ①

이렇게 실시해요!

1) 전체 가위 바위 보로 술래 두 명을 정한다.

2) 시작 신호에 한 명의 술래는 도깨비방망이를 들고 친구들을 쫓고, 나머지 한 명은 밖에서 대기한다.

3) 3~4가지 스타일의 동작을 정한다.

   예〉
   ① 발레리나: 두 팔을 위로 들어 원 만들고 제자리에서 한 방향으로 돌기

   ② 김연아: 한 쪽 다리를 뒤로 들어 한 손으로 잡고 나머지 손을 앞으로 뻗기

   ③ 사랑의 윙크 총 쏘기: 한 쪽 다리를 들고 윙크하면서 총 쏘는 시늉하기

   ④ 열라 뽕따이: 한 팔은 반대 팔꿈치를 받치고, 나머지 한 팔은 세워 검지
   (두 번째)손가락을 세우기

4) 학생들은 술래를 피해 도망가다가 태그될 것 같으면 "얼음!"을 외치며 스타일 동작 중 한 가지를 하고 있는다.

5) 얼음 친구를 구하려면 친구 앞에 가서 같은 동작을 해 준다.

6) 얼음에서 풀려 난 후 다시 얼음이 되었을 때에는 바로 전에 했던 동작과 다른 동작을 해야 한다.

7) 술래는 구해주려는 친구를 태그하거나 그 앞에서 기다릴 수 없다.

8) 일정 시간 실시한 후 술래를 교대한다.

9) 게임을 끝낸 후 친구를 구했을 때와 도움 받았을 때의 소감을 나눈다.

Ⅲ. 마음껏 뛰며 하나되는, 신나는 술래놀이

양수쌤이 들려주는 활동 Tip

✠ 학생들이 스타일 동작을 만들도록 해요!

예를 들어 반에서 친구들의 특징을 동작으로 만들어 보거나(해당 친구의 허락을 받고), 인기 가요의 춤 동작이나 개그 프로그램에서 동작을 찾아보게 한다. 또한, 올림픽이나 월드컵 등에서 인상적인 장면을 스타일 동작으로 정해 본다.(예: 스피드스케이팅 타는 장면, 컬링의 스톤 밀기나 브러시로 바닥 닦는 장면 등)

✠ 친구를 구해줄 때에는 1초 이상 정확한 동작을 해야 해요!

얼음 친구를 구할 때 같은 동작을 대충 하면 안 된다. 게임 전에 정확한 동작으로 1초 이상 같은 동작을 해야만 살릴 수 있음을 강조한다.

✠ "○○야, 고마워!" 고마움을 표시해요!

자신을 구해준 친구에게 고마움을 표현하도록 지도해 보자.

바꾸면 더 재미있어요!

✠ 얼음이 된 친구와 도와주는 친구가 함께 완성하는 동작은 없을까?

예를 들어 얼음 친구가 왼팔을 들어 반쪽 하트를 만들어 서 있으면 이를 구하려는 친구는 오른편에 서서 오른팔을 들고 하트를 완성해 주게 할 수 있다.

또는 얼음 친구가 업는 시늉을 하고 있으면 구하려는 친구가 뒤로 업혀 동작을 완성하게 해 본다.

양수샘이 들려주는 체육수업 비법 ①

✤ 술래 게임에서 준비해 두면 좋을 교구를 소개합니다!

Ⅲ. 마음껏 뛰며 하나되는, 신나는 술래놀이

21 쏠저와 닌자

적용 학년	초·중
장　　소	실내·외
준 비 물	식별조끼
준　　비	20m×20m 게임장

태그된 친구는 상대가 정해준 스포츠 동작을 하고 있어요.
친구를 구하려면 "What are you doing?" 하며 물어
어떤 스포츠를 하고 있는지 답하게 해야 해요.
영어 공부도 하고 협력도 하는 새로운 술래 게임을 해 봅시다.

양수샘이 들려주는 체육수업 비법 ①

이렇게 실시해요!

1) 두 명씩 짝을 지어 가위 바위 보 하여 이긴 사람과 진 사람으로 팀을 나눈 후 진 팀만 식별조끼를 입는다.

2) 이긴 팀은 쏠저 팀, 진 팀은 닌자 팀으로 정한다.

3) 시작 신호에 따라 게임장 안에서 서로 상대 팀을 태그하고 도망 다닌다.

4) 상대 팀원을 태그하면서 "You are Swimming."이라고 하면 태그된 친구는 그 자리에서 수영하는 자세를 계속 하고 있어야 한다.

5) 같은 팀 친구를 구해주기 위해서는 그 친구 앞에 가서 "What are you doing?"하고 묻는다.

6) 수영하고 있던 친구는 "I'm Swimming."하고 대답하고 다시 게임에 참여한다.

7) 같은 팀원을 구하고 있는 상대 친구를 태그할 수 없다.

8) 교사가 "스톱!" 또는 "그만!"을 외쳤을 때 스포츠 동작을 하고 있는 팀원의 수가 적은 팀이 이긴다.

9) 게임을 끝낸 후 게임에서 이길 수 있었던 비결이나 패한 이유에 대해 발표하게 한다.

양수생이 들려주는 활동 Tip

✻ 여러 가지 스포츠 종목의 대표 동작을 학생들과 정해 보세요!

수영, 축구, 배구, 농구, 핸드볼, 야구 등 스포츠 종목별로 대표적인 동작을 학생들의 아이디어로 함께 만들어 보자.

✻ 동작을 할 때는 진지하게!

✻ 술래를 두세 명으로 정하여 실시할 수 있어요!

✻ 체육과 영어의 교과 간 통합 수업할 때 준비운동으로 활용해요!

바꾸면 더 재미있어요!

✻ 영어 대신 우리말로!

"너, 수영!" 하고 태그한다. 태그된 친구를 구할 때는 "너 뭐하고 있니?" 라고 묻고 "나 지금 수영해." 라고 답하게 한다.

✻ 묻지만 말고 동작도 하게 해요!

태그된 친구를 구할 때 같은 스포츠 동작을 따라 하며 묻게 해 보자. 예를 들어 야구공을 던지는 동작을 하고 있다면 구하러 온 친구는 마주보고 타격하는 동작을 하면서 묻게 하는 것이다.

22. 개구리 펄쩍 술래

적용 학년	초·중·고
장　　소	실내·외
준 비 물	뿅망치
준　　비	20m×20m 게임장

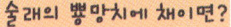
술래의 뿅망치에 채이면?

허리를 숙여 발목을 잡아요!

친구가 잘 넘어갈 수 있게 무릎을 굽혀줘요!

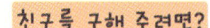
친구를 구해 주려면?

친구의 등을 두 손으로 짚고 넘어가요!

등 짚고 넘기가 어려운 친구들은 한 발로만 넘어가요!

내가 구해줄게!

머리를 깊이 숙여야 안전해요!

술래의 뿅망치에 맞으면 그 자리에서 발목을 잡고 허리를 숙여요.
태그된 친구의 등을 타 넘으면 친구가 살아나요.
뜀틀 넘기 동작도 익히고, 협동심도 기르는 술래 게임이랍니다.

Ⅲ. 마음껏 뛰며 하나되는, 신나는 술래놀이

이렇게 실시해요!

1) 전체 가위 바위 보로 두 명의 술래를 정한다.

2) 시작 신호에 술래는 뿅망치를 들고 게임장으로 들어가 도망 다니는 친구들을 뿅망치로 태그한다.

3) 술래의 뿅망치에 맞으면 그 자리에서, 술래를 피해 달아나다가 게임장 안을 벗어나게 되면 게임장 안쪽으로 들어와 발목을 잡고 허리를 숙이고 있는다. 이때 다리는 어깨 너비로 벌리고, 다리에 힘을 주도록 한다.

4) 태그된 친구를 구하려면 두 발로 발구름 하여 두 손으로 등을 짚고 넘어간다.

5) 술래는 구해주려는 친구를 태그하거나 구해주고 난 이후에 바로 챌 수 없다.

6) 일정 시간 실시한 후 술래를 교대한다.

양수쌤이 들려주는 활동 Tip

✠ 무릎을 굽히면 더 쉽게 넘을 수 있어요!

태그된 친구의 높이가 높으면 도와주는 친구가 부담을 느낄 수 있다. 무릎을 약간 굽혀 높이를 낮추도록 하자.

✠ 머리를 깊이 숙여야 안전해요!

허리를 굽힌 친구가 머리를 숙이지 않으면 등을 넘는 친구의 다리에 맞을 수 있기 때문에 깊이 숙이도록 강조한다.

✠ 뜀틀 수업하기 전에 준비운동으로 활용해요!

양수샘이 들려주는 체육수업 비법 ①

바꾸면 더 재미있어요!

✱ 평균대를 활용해 보세요!

평균대를 게임장 중앙에 한 대 세워두고, 술래에게 태그된 학생들은 그 위에 올라가 순서대로 서게 한다. 태그된 친구들을 구하려면 평균대 아래로 통과해야 하며 이때 먼저 태그되어 평균대에 올라간 순서대로 다시 살아나 게임에 참여하게 할 수 있다.

Ⅲ. 마음껏 뛰며 하나되는, 신나는 술래놀이

23 시한폭탄 술래

적용 학년	초·중·고
장　　소	실내·외
준 비 물	빈백(학생 수의 절반)
준　　비	20m×20m 게임장

시한폭탄(빈백)을 들고 쫓는 친구들을 피해 도망가요. 시한폭탄에 태그되면 시한폭탄을 넘겨받고 다른 친구들을 태그해야 해요. 선생님이 "얼음!" 을 외치면 갖고 있던 시한폭탄이 펑!

양수샘이 들려주는 체육수업 비법 ①

이렇게 실시해요!

1) 전체 가위 바위 보 하여 참가자 중 절반은 시한폭탄(빈백)을 하나씩 들게 한다.

2) 시작 신호에 시한폭탄을 든 술래들이 도망가는 친구들을 쫓아가 시한폭탄을 든 손으로 태그한다.

3) 태그에 성공하면 태그된 친구에게 시한폭탄을 넘겨주고 도망간다.

4) 시한폭탄을 받으면 술래가 되며 방금 자신을 태그한 친구를 바로 태그할 수 없다.

5) 교사가 "얼음!"을 외치면 모두 그 자리에 멈춰 서고 이때 시한폭탄을 가지고 있던 학생들은 정한 신체활동 과제(스타점프 5회, 스쿼트 3회 등)를 실시한다.

6) 신체활동 과제를 한 학생들이 다시 시한폭탄을 들고 게임을 이어나간다.

양수샘이 들려주는 활동 Tip

✣ 시한폭탄이 잘 보이게 손을 들어 주세요!

누가 시한폭탄을 든 술래인지 쉽게 알기 위해 시한폭탄을 든 팔을 들고 다니게 한다.

✣ 한 사람이 시한폭탄 두 개에 동시에 태그되면?

동시에 두 사람의 빈백에 태그된 경우 두 개의 빈백을 들고 다른 친구를 쫓게 되며 두 명을 태그해야 빈백을 모두 넘겨줄 수 있다.

✣ 게임장이 넓으면 좋아요!

술래의 수가 많아 서로 충돌의 위험이 있으므로 제시한 크기보다 게임장을 더 크게 그리거나 별도의 라인 없이 체육관 전체를 활용할 수 있다.

✣ 빈백을 던져서 맞히면 안 되요!

Ⅲ. 마음껏 뛰며 하나되는, 신나는 술래놀이

바꾸면 더 재미있어요!

✤ '흥, 재, 의 2권' 의 '변신 술래' 도 활용해 보세요!

두 사람씩 짝을 진 후 교사가 호각을 한 번 불면 빈백을 서로 던지고 받다가 두 번째 호각을 불면 빈백을 가지고 있는 친구가 술래가 되어 쫓는 게임도 활용한다.

✤ 빈백을 올려 줘요!

빈백에 태그되면 그 자리에 선다. 술래는 태그된 친구의 신체부위 중 한 곳(머리, 어깨, 발등, 팔꿈치 등)에 빈백을 올려놓고 도망간다. 빈백이 올려진 친구는 2초 후에 새로운 술래가 되어 빈백을 손에 들고 다른 친구들을 쫓는다.

양수샘이 들려주는 체육수업 비법 ①

24 얼음 도깨비

적용 학년	초·중·고	준비물	뿅망치, 티볼이나 배구공(학생수)
장 소	실내·외	준 비	20m×20m 게임장

참가자 모두 공을 들고 술래를 피해 도망 다녀요.
술래에게 태그된 친구의 다리 사이로 내 공을 굴려 통과 시키면
친구가 살아나는 협력 술래 게임이랍니다.

Ⅲ. 마음껏 뛰며 하나되는, 신나는 술래놀이

이렇게 실시해요!

1) 전체 가위 바위 보로 술래 두 명을 정한다.

2) 참가자 모두가 공을 들고 게임장 안에 선다.

3) 시작 신호에 뿅망치를 든 술래가 게임장 안으로 들어가 쫓는다.

4) 술래에게 태그되면 그 자리에 공을 들고 서서 다리를 어깨 너비로 벌린다.

5) 태그된 친구를 구해주려면 그 친구의 앞이나 뒤에서 자신의 공을 굴려 다리 사이로 통과시킨다.

6) 술래는 다른 친구를 도와주는 친구를 태그할 수 없고, 앞에서 기다릴 수 없다.

7) 일정 시간 동안 실시한 후 술래를 바꾼다.

8) 게임을 끝낸 후 친구를 도왔을 때와 친구로부터 도움을 받았을 때의 소감을 나누고 모두를 격려해준다.

양수샘이 들려주는 활동 Tip

✤ "슛!", "골인!"을 외치며 더 신나게!

　태그된 친구를 구할 때 "슛!"이라고 외치며 공을 굴리면 도움 받는 친구가 "골인!"이라고 외친 후 서로 하이파이브를 하게 해 보자.

✤ 공을 활용한 구기운동의 준비운동으로 좋아요!

여러 가지 구기 종목을 적용해 봐요!

① 축구: 모든 학생들은 공을 발로 몰며 도망다닌다. 술래에게 태그된 친구를 구하려면 공을 발로 차서 다리 사이를 통과시키게 한다.

② 럭비: 태그된 친구를 구하려면 태그된 친구의 앞에서 공을 준 후, 그 친구의 뒤로 간다. 태그된 친구가 허리를 숙이고 다리 사이를 이용해 공을 뒤로 던지면 구해주는 친구가 공을 받아준다.

③ 볼링: 태그된 친구는 엎드려 푸시-업 자세로 있고, 살려주는 친구는 3m 이상 떨어진 지점에서 공을 굴려 몸 사이로 통과시킨다.

25 후프 도망가! 잡아라!

적용 학년	초등	준 비 물	뿅망치, 후프 또는 원마커(학생수)
장 소	실내·외	준 비	20m×20m 게임장

술래와 도망가는 친구가 후프 안으로 뛰어 들어가면서 "도망가!"와 "잡아라!"를 외치면 후프 안에 있던 친구들이 술래와 도망가는 역할을 대신 하게 되는 술래 게임입니다.

189

이렇게 실시해요!

1) 전체 가위 바위 보로 술래 한 명과 도망가는 친구 한 명을 정한다.

2) 술래와 도망가는 친구는 서로 반대쪽에 위치하고, 나머지 친구들은 곳곳에 흩어져 후프 안에 들어가 선다.

3) 시작 신호에 술래가 뽕망치를 들고 도망가는 친구를 쫓는다.

4) 술래는 도망가다가 태그될 것 같으면 가까운 후프 안으로 들어가면서 "도망가!"를 외친다. 원래 후프 안에 있던 친구는 후프 밖으로 나와 대신 도망가야 한다.

5) 술래도 자신이 잡기 힘들거나 지치면 아무 후프 안으로 들어가 그 친구에게 뽕망치를 건네주며 "잡아라!"를 외친다. 후프 안에 있던 친구가 새로운 술래가 되어 뽕망치를 들고 쫓는다.

6) 술래가 태그에 성공하면 술래와 도망가는 친구의 역할을 바꾼다.

7) 일정한 시간동안 게임을 진행한 후 술래와 도망가는 친구를 새롭게 정해 게임을 이어나간다.

양수샘이 들려주는 활동 Tip

✱ 처음에는 "도망가!"로만 운영해요!

"도망가!" 게임에 익숙해지면 "잡아라!"를 추가한다.

Ⅲ. 마음껏 뛰며 하나되는, 신나는 술래놀이

✤ 게임 전에 '후프 운전사' 놀이를 해 보세요!

두 명씩 짝을 지어 한 명은 후프를 두 손으로 들고, 다른 한 명은 후프 안에 들어간다. 교사가 "후프 안 운전사!"를 외치면 후프 안에 들어간 친구의 몸에 후프가 닿지 않도록 후프를 들고 있는 친구가 움직여 준다. "후프 밖 운전사!"를 외치면 후프를 두 손으로 들고 있는 친구가 들고 이동하는 대로 후프 안에 있는 친구가 후프에 닿지 않게 따라 움직인다.

✤ 후프 대신 원마커를 밟고 서도록 해요!

체육관 바닥에 후프를 놓으면 밟아 미끄러질 수 있으므로 이때에는 원마커를 활용하자.

✤ 제한 시간 10초!

여러 학생들이 술래와 도망가는 역할을 경험하도록 제한 시간을 정할 수 있다.

바꾸면 더 재미있어요!

✤ '흥, 재, 의 1권'의 '방 빼!' 게임을 함께 해요!

4~5명 정도의 술래를 정하고, 술래가 후프 안의 친구 앞에 서서 "방 빼!"를 외치면 그 친구는 자기 후프를 떠나 다른 후프에 가서 다시 "방 빼!"를 외쳐 서로 후프를 차지하게 한다. 교사가 "얼음!"을 외쳤을 때 후프에 들어가지 못한 학생들이 신체활동 과제를 하게 되는 후프 활용 게임이다.

✤ '우리 집'을 추가해요!

도망가는 친구가 '우리 집'을 외치면 후프 안의 모든 친구들은 자기 후프를 떠나 다른 후프로 들어가야 한다. 이 때 도망가 친구가 한 후프에 들어가면 후프가 없는 친구가 새로운 도망가 친구가 된다.

26 양을 지켜라!

적용 학년	초·중
장소	실내
준비물	뿅망치, 풍선(학생수)
준비	20m×15m 게임장

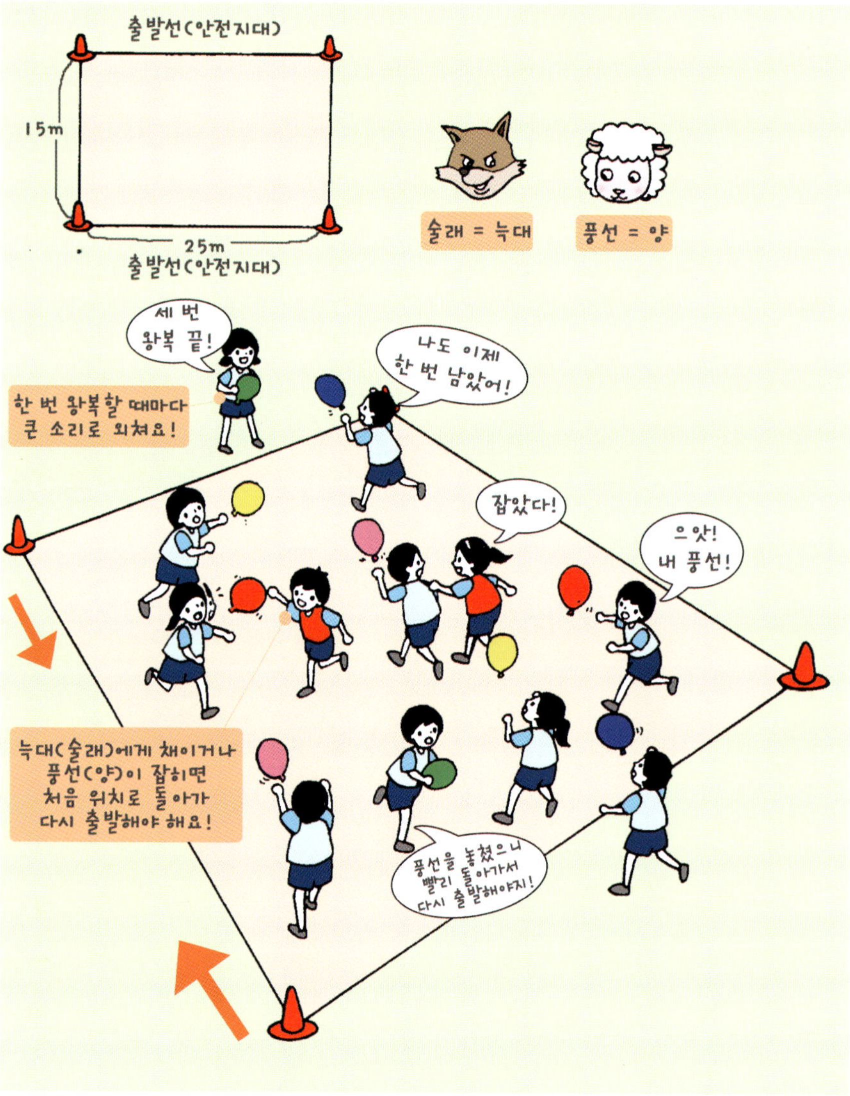

술래 = 늑대   풍선 = 양

세 번 왕복 끝!

한 번 왕복할 때마다 큰 소리로 외쳐요!

나도 이제 한 번 남았어!

잡았다!

으앗! 내 풍선!

늑대(술래)에게 채이거나 풍선(양)이 잡히면 처음 위치로 돌아가 다시 출발해야 해요!

풍선을 놓쳤으니 빨리 돌아가서 다시 출발해야지!

우리는 양(풍선)을 안전하게 몰고 가야 하는 목동!
늑대 술래를 피해 무사히 양을 지켜 봅시다.

Ⅲ. 마음껏 뛰며 하나되는, 신나는 술래놀이

 이렇게 실시해요!

1) 전체 가위 바위 보로 늑대 술래를 두 명 정도(30명 기준) 정한다.

2) 목동은 출발선에 풍선(양)을 가지고 일렬횡대로 선다.

3) 늑대 술래는 게임장 중간에 두 명이 떨어져 선다.

4) 시작 신호에 목동들은 자신의 양을 공중에 쳐서 띄우며 건너편 안전지대를 향해 나간다.

5) 양을 손으로 잡거나 지면에 떨어뜨리면 출발선으로 돌아가 다시 출발한다.

6) 늑대에게 목동의 몸이나 양이 태그되면 출발선으로 돌아가 다시 출발한다.

7) 늑대를 피해 건너편 안전지대까지 도착한 목동들은 다시 반대편 안전지대를 향해 양을 띄우며 돌아간다.

8) 늑대를 피해 양쪽 안전지대를 세 번 왕복하면 양을 지키는 미션을 완수하게 된다. 한 번 왕복에 성공할 때마다 큰 소리로 왕복한 횟수를 외치게 한다.

9) 일정한 시간동안 게임을 진행한 후 양을 지킨 목동들을 칭찬하고, 늑대 술래를 바꿔 게임을 이어나간다.

양수샘이 들려주는 체육수업 비법 ①

양수샘이 들려주는 활동 Tip

❂ **늑대에게만 유리한 거 아닌가요?**

풍선을 치며 나아가는 것이 쉽지 않으므로 늑대가 목동의 몸이 아닌 양을 태그한 경우에만 출발선으로 돌아가게 변형할 수 있다.

❂ **풍선 크기를 조정해 주세요!**

풍선이 클수록 앞으로 나가기 어렵기 때문에 중간 크기로 하고, 선생님이 미리 한 개를 불어 학생들이 그 크기와 비슷하게 불도록 한다.

❂ **풍선이 터져도 당황하지 말아요!**

❂ **풍선을 활용한 다른 게임과 연계하여 운영해요!**

바꾸면 더 재미있어요!

❂ **늑대에게도 핸디캡을 주세요!**

예를 들어 술래는 걷기만 가능한 것으로 하거나 축구공이나 농구공을 드리블하면서 쫓게 할 수 있다.

❂ **두 명의 늑대 술래가 손을 잡고 함께 다니게 해 보세요!**

❂ **늑대가 움직일 수 있는 영역을 제한할 수 있어요!**

III. 마음껏 뛰며 하나되는, 신나는 술래놀이

27	줄꼬리 밟기	적용 학년	초·중
		장 소	실내·외
		준 비 물	줄넘기(학생수)
		준 비	20m×20m 게임장

줄넘기의 한 끝을 꼬리처럼 잡고 도망다녀요.
줄꼬리가 술래에 밟히면 줄넘기를 해야 해요.
줄넘기를 하고 있는 친구들을 어떻게 하면 구할 수 있을까요?

이렇게 실시해요!

1) 전체 가위 바위 보로 두 명의 술래(30명 기준)를 정한다.

2) 게임장에 흩어져 줄넘기의 한 쪽 손잡이만 잡고 선다.

3) 시작 신호에 술래는 게임장 안으로 들어와 도망다니는 친구들을 쫓는다.

4) 술래는 도망 다니는 친구들의 줄넘기를 밟아야 하며, 도망 다니는 친구들은 줄이 밟히지 않도록 줄을 흔들며 다닐 수 있다.

5) 술래에게 줄을 밟혔거나 당기다가 줄넘기 손잡이가 공중에 뜬 친구는 그 자리에서 양발 모아뛰기를 실시한다.

6) 줄넘기를 하고 있는 친구를 구해주려면 그 친구 앞에서 자기 줄넘기로 양발 모아 뛰기 3회를 해야 한다.

7) 넘다가 중간에 걸리면 다시 시작해서 3회를 연속으로 성공해야 구해 줄 수 있다.

8) 술래는 도와주는 친구의 줄을 밟거나 그 앞에서 기다릴 수 없다.

9) 일정한 시간동안 게임을 진행한 후 서로 도움을 주고받은 느낌을 나누고 새로운 술래를 정해 게임을 이어나간다.

양수샘이 들려주는 활동 Tip

- 음악줄넘기나 줄넘기 수업을 할 때 준비운동으로 좋아요!
- 구슬 줄넘기는 미끄러우니 주의해요!

실내 마룻바닥에서 구슬줄넘기를 밟으면 미끄러질 수 있으므로 각별히 주의를 주고 시작한다.

Ⅲ. 마음껏 뛰며 하나되는, 신나는 술래놀이

바꾸면 더 재미있어요!

✠ 둘이 함께 줄을 넘어요!

고학년이라면 친구를 구해줄 때 줄을 밟힌 친구가 양발 모아 뛰기 1회선 2도약(줄을 한 번 돌릴 때 두 번 뛰는 스텝)으로 줄을 넘고 있으면 도와주는 친구가 그 친구의 줄에 들어가 함께 뛰게 할 수 있다. 맞서서 뛰기를 연속으로 3회하면 살아나는 방법으로 변형해 보자.

28 솜털공 하이, 로우

적용 학년	초·중·고
장　　소	실내·외
준 비 물	솜털공 두 개
준　　비	20m×20m 게임장

솜털공을 든 술래가 태그하면서 "하이!"를 외치느냐, "로우!"를 외치느냐에 따라 동작이 달라져요. 태그된 친구와 같은 동작을 하며 친구를 구해 봅시다.

III. 마음껏 뛰며 하나되는, 신나는 술래놀이

이렇게 실시해요!

1) 전체 가위 바위 보로 술래를 두 명 정도(30명 기준) 정한다.

2) 술래는 솜털공을 한 개씩 들고 게임장 밖에서 준비하고, 모든 친구들은 게임장 안에 흩어져 있는다.

3) 시작 신호에 술래가 솜털공을 들고 친구들을 쫓아가 태그한다. 이때, 태그하면서 "하이!" 또는 "로우!"라고 외친다.

4) '하이' 친구는 두 팔을 들고 그 자리에 서 있어야 한다.

5) '로우' 친구는 엎드려 푸시-업 자세로 있어야 한다.

6) '하이' 친구를 구해주기 위해서는 그 친구와 마주보고 점프를 해서 두 손바닥끼리 쳐주는 하이텐을 해 준다.

7) '로우' 친구를 구해주려면 마주보고 푸시-업 자세로 엎드려 한 손을 바닥에서 떼어 하이파이브 해 준다.

8) 술래는 도와주는 친구를 태그하거나 그 앞에서 기다렸다가 태그할 수 없다.

9) 술래를 피해 도망가다가 게임장을 벗어난 친구는 쫓아가던 술래가 '하이' 또는 '로우' 중 한 가지 동작을 하도록 지시한다.

10) 일정한 시간동안 게임을 진행한 후 서로 도움을 주고받은 느낌을 나누고 새로운 술래를 정해 게임을 이어나간다.

양수샘이 들려주는 활동 Tip

✤ 누가 솜털공을 들고 있는지 모르겠다면?

손에 쥔 솜털공이 잘 보이지 않으면 술래가 누구인지 눈에 띄지 않을 수 있다. 이를 위해 식별조끼를 입게 하거나 솜털공을 든 팔을 들고 다니게 할 수 있다.

✤ 솜털공으로만 살짝 터치하면 느낌이 없어요!

솜털공을 든 손으로 함께 태그 해야 태그된 친구가 알 수 있다.

바꾸면 더 재미있어요!

✤ 솜털공을 던져 맞히게 해요!

솜털공은 가볍고 부드러워 맞아도 전혀 아프지 않기 때문에 도망가는 친구와의 거리가 가까울 경우 솜털공을 던져 맞히면서 "하이!", "로우!"를 외치게 한다.

✤ 이렇게 구하면 어때요?

'하이' 친구는 서서 두 다리를 어깨 너비로 벌리고, '하이' 친구를 구하려면 다리 사이로 빠져나간다. '로우' 친구는 엎드려 푸시-업 자세로 있게 하고 '로우' 친구를 구할 때도 그 아래로 빠져나가준다.

Ⅲ. 마음껏 뛰며 하나되는, 신나는 술래놀이

29 마당 나온 병아리

적용 학년	초·중·고
장 소	실내·외
준 비 물	스카프(세 명당 한 개)
준 비	20m×20m 게임장

셋이 가위 바위 보!

1등 2등 3등

으앗! 안돼!

암탉은 스카프를 뺏기지 않도록 여우를 막거나 돌면서 방어해요!

잡았다!

여우는 시작 신호에 따라 병아리의 스카프를 빼내야 해요!

여우 술래는 병아리의 허리 뒤에 꽂힌 스카프를 빼내야 해요. 암탉은 병아리의 스카프가 빼앗기지 않도록 여우로부터 방어해 줘요. 서로 배려와 협력을 경험할 수 있는 여우 술래 게임을 해 봅시다.

이렇게 실시해요!

1) 세 명씩 짝을 지어 가위 바위 보를 한다.

2) 1등은 암탉, 2등은 병아리, 3등은 여우가 된다.

3) 병아리는 허리 뒤에 스카프를 한 개 꽂고, 암탉과 한 손을 잡는다.

4) 시작 신호에 여우는 자기 모둠 병아리의 스카프를 빼내기 위해 노력한다.

5) 암탉은 병아리의 스카프를 빼내지 못하도록 손으로 여우를 막거나 돌면서 방어한다.

6) 병아리는 암탉의 손을 잡고 돌며 피할 수 있지만, 직접 손으로 여우를 막거나 밀 수 없다.

7) 여우가 병아리의 스카프를 빼내는데 성공하면 다시 가위 바위 보 하여 새롭게 역할을 정해 실시한다.

8) 일정한 시간동안 게임을 진행한 후 암탉과 병아리가 되어 보호해주고 보호받았던 느낌을 나누어 본다.

양수샘이 들려주는 활동 Tip

✠ 스카프의 개수를 늘려보세요!

병아리의 허리 뒤와 함께 양쪽 허리 옆까지 세 개를 꽂아보자. 세 개 중 한 개만 빼내도 성공한 것으로 하여 여우의 역할을 쉽게 할 수 있고, 세 개를 모두 빼내야 성공한 것으로 하여 병아리가 세 목숨이 있는 방법으로 운영할 수 있다.

✪ 반 전체가 2~3명의 여우 술래를 피해봐요!

모둠마다 여우를 각각 정하지 않고, 전체 인원 중 2~3명만 여우 술래로 정해 암탉과 손 잡고 있는 아무 병아리나 공격이 가능하도록 변형한다. 이때에는 스카프를 빼내는 대신 여우가 병아리를 태그만 해도 암탉과 함께 아웃되도록 할 수 있다.

양수샘이 들려주는 체육수업 비법 ①

30	침몰하는 배	적용 학년	초·중·고
		장　　소	실내·외
		준 비 물	후프(두 명당 한 개)
		준　　비	20m×20m 게임장

두 명씩 배(후프)안에 들어가요. 앗, 빙산 술래가 배 안으로 빙산(빈백)을 던져요! 배가 빙산에 침몰하지 않도록 도망다니며 배를 지켜 봅시다.

204

III. 마음껏 뛰며 하나되는, 신나는 술래놀이

이렇게 실시해요!

1) 전체 가위 바위 보로 빙산 술래 두 명을 정한다.

2) 빙산 술래는 각자 빈백(빙산)을 한 개씩 들고 게임장 밖에서 준비한다.

3) 나머지 학생들은 후프(배) 하나에 두 명씩 들어가 게임장 안에서 준비한다.

4) 시작 신호에 배는 빙산 술래를 피해 도망 다닌다.

5) 빙산 술래는 배를 쫓아 다니며 빈백을 배 안으로 던져 넣는다.

6) 배 안에 있는 친구들은 빈백이 배를 통과하지 못하도록 배를 기울이거나 날아오는 빙산을 손이나 몸으로 쳐 방어할 수 있다.

7) 두 명의 빙산 술래 중 한 명이라도 빈백을 배에 통과시키면 그 배는 침몰한다. 그 배에 있던 친구들이 새로운 빙산 술래가 되고, 이전 술래 두 명은 배의 새로운 주인이 된다.

8) 일정한 시간동안 진행한 후 새로운 빙산 술래를 정해 게임을 이어간다.

양수샘이 들려주는 활동 Tip

✡ **빙산 술래의 수를 늘려 보세요!**

　빙산 술래를 네 명이나 여섯 명으로 하면 배의 주인과 빙산 술래가 자주 바뀌어 더욱 즐겁게 참여할 수 있다. 이때 술래 팀 중 두 팀이 동시에 한 배에 빙산을 넣게 될 수 있는데 조금이라도 먼저 넣은 팀이 배를 차지하게 한다.

✡ **빙산 술래들은 배(후프)를 잡고, 빈백을 넣을 수 없어요!**

양수샘이 들려주는 체육수업 비법 ①

바꾸면 더 재미있어요!

✤ 배를 침몰시킨 술래만 배를 차지하도록 바꿀 수 있어요!
 침몰한 배의 두 명이 가위 바위 보 하여 진 사람이 밖으로 나와 술래가 되고, 빙산을 배에 넣은 술래만 배 안에 들어가게 할 수 있다.

Ⅲ. 마음껏 뛰며 하나되는, 신나는 술래놀이

31 접시콘 모자 술래

적용 학년	초·중
장 소	실내·외
준비물	접시콘(학생수), 뿅망치
준 비	20m×20m 게임장

접시콘을 머리에 올리고 조심 조심 술래를 피해 도망 다녀요.
술래에게 태그되거나 접시콘을 떨어뜨리면 얼음!
얼음이 된 친구들을 구하며 협력 하여 술래 게임에 참여해 봅시다.

이렇게 실시해요!

1) 전체 가위 바위 보로 한 명의 술래를 정한다.

2) 나머지 친구들은 게임장 안에서 접시콘 한 개씩을 자신의 머리에 올린다.

3) 시작 신호에 밖에 있던 술래가 안으로 들어가 친구들을 쫓는다.

4) 도망가다가 술래에게 태그되거나 접시콘을 지면에 떨어뜨리면 그 자리에 얼음 상태로 있어야 한다.

5) 술래에게 태그된 친구는 자기 앞에 접시콘을 내려놓고 얼음이 된다.

6) 얼음 친구를 구해주고 싶으면 그 친구의 접시콘을 주워 머리 위에 올려준다.

7) 얼음 친구를 구하려다 자신의 접시콘을 떨어뜨리면 그 친구도 얼음이 되야 한다.

8) 술래는 도와주는 친구를 태그하거나 그 앞에서 기다릴 수 없다.

9) 일정한 시간동안 게임을 진행한 후 새로운 술래를 정해 이어나간다.

10) 게임을 끝낸 후 도움을 주고받았던 소감을 이야기하는 시간을 갖는다.

양수샘이 들려주는 활동 Tip

✣ 술래를 한 명 더 두어 술래가 지쳤을 때 교대해요!

✣ 술래에게 식별조끼를 입히거나 소프트 하키채를 들고 태그하게 해요!

✣ 고학년 학생들이 동성 친구만 구해준다면?

　고학년은 친구들의 시선을 의식해 동성 친구만 구해줄 수 있다. 게임 전에 남학생은 여학생만, 여학생은 남학생만 구해줄 수 있다는 규칙을 추가할 수 있다.

바꾸면 더 재미있어요!

✤ 얼음 친구가 신체활동 과제를 수행해서 살아나게 할 수 있어요!

얼음 친구가 다른 친구의 도움을 받아 살아나는 방법 대신에 얼음이 되었을 때 접시콘을 다시 머리 위에 얹고 게임장을 한 바퀴 돌게 하거나 미리 정한 신체활동 과제를 수행한 후 게임에 다시 참여하게 한다.

✤ 태그 대신에 머리 위에 콘을 떨어뜨려 아웃시켜요!

술래가 친구들 머리 위의 콘을 손으로 떨어뜨려 얼음이 되게 할 수 있다.

양수샘이 들려주는 체육수업 비법 ①

32 트럼프 카드 술래

적용 학년	초·중·고	준 비 물	큰 테이블, 트럼프카드 2~3세트, 빈백
장 소	실내	준 비	20m×20m 게임장

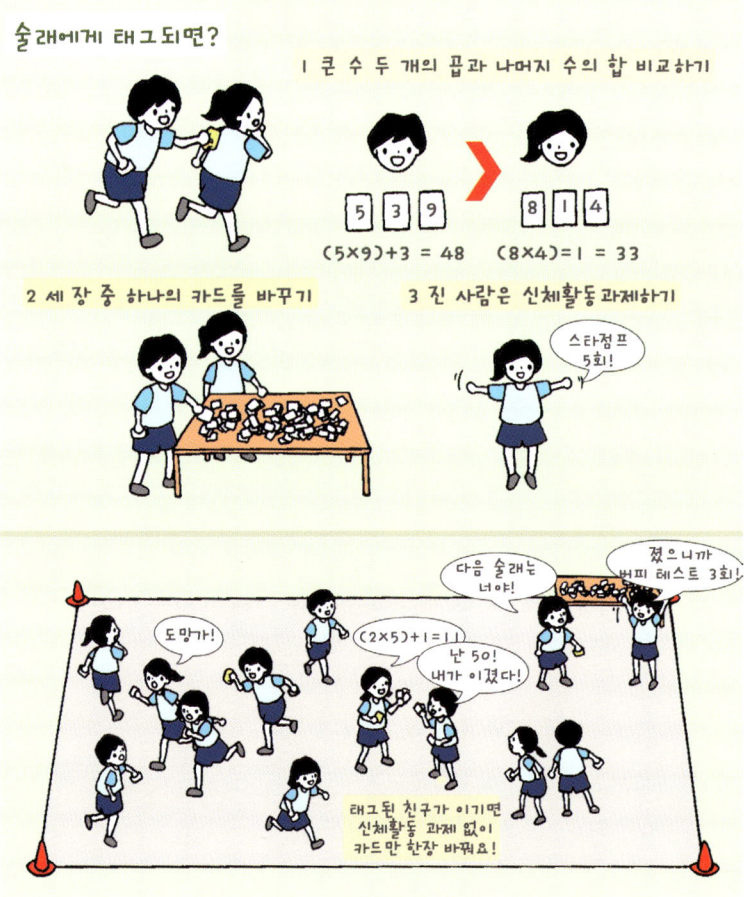

술래에게 태그되면 자신이 가진 세 장의 카드 숫자의 합을 구해 술래와 비교해요. 술래가 높으면 서로 역할을 바꾸고, 태그된 친구가 높으면 한 장의 카드만 바꾸어 다시 게임에 참여해 봅시다.

Ⅲ. 마음껏 뛰며 하나되는, 신나는 술래놀이

이렇게 실시해요!

1) 전체 가위 바위 보로 두세 명(30명 기준)의 술래를 정한다.

2) 큰 테이블 위에 트럼프 카드를 뒤집어 놓고 모든 학생들이 각자 세 장씩을 골라잡는다.

3) 시작 신호에 술래가 빈백을 들고 게임장 안의 친구들을 쫓는다.

4) 술래에게 태그되면 자신의 카드 세 장을 다음과 같이 계산하여 서로 알려준다.
   세 장 중에서 높은 수 두 장은 곱하고, 나머지 한 장은 더한다. 예를 들어 가지고 있는 카드가 3, 5, 9라면 (5×9) + 3 = 45 + 3 = 48이 된다.

5) 술래와 태그된 친구가 서로 계산한 결과를 말해 술래의 수가 크면 태그된 친구에게 빈백을 넘겨주고 역할을 바꾼다. 이때 술래와 태그된 친구 모두 테이블로 달려가 세 장의 카드 중 바꾸고 싶은 한 장을 테이블 위에 뒤집어 놓고 다른 한 장을 가져온다. 단, 술래에게 진 친구는 테이블 옆에서 신체활동과제(예, 스타점프 5회, 버피 테스트 3회 등)를 수행한 후에야 카드를 바꿀 수 있다.

6) 태그된 친구가 술래를 이겼을 경우 신체활동 과제 없이 카드 한 장만 테이블 위에서 바꾸고 게임에 다시 참여한다.

7) 일정한 시간동안 게임을 진행한 후 새로운 술래를 정해 게임을 이어간다.

트럼프 카드를 세 장씩 가져가기

양수샘이 들려주는 체육수업 비법 ①

양수샘이 들려주는 활동 Tip

✤ **미리 계산해 두면 좋아요!**

태그된 후에 계산하여 서로 비교하기보다는 세 장의 카드를 갖자마자 계산하여 자신의 결과를 알고 다니도록 한다. 단, 이긴 친구는 진 상대에게 카드를 꼭 공개하게 한다.

✤ **내 카드의 합이 크면 자신 있게 술래에 태그될 수 있지만 합이 작으면 술래를 열심히 피해 도망다니게 되요!**

✤ **카드를 바꿀 때는 절대 보면 안 되요!**

학생들이 테이블 위에서 카드를 바꿀 때 어떤 숫자인지 보지 않고 바꾸도록 교사가 테이블 근처에서 게임을 진행하는 것이 좋다.

바꾸면 더 재미있어요!

✤ **저학년은 더하기로만!**

유치원생이나 저학년이라면 세 장의 카드를 더한 합을 구하게 한다.

✤ **고학년은 더 복잡하게!**

고학년이나 성인이라면 더 복잡한 연산을 추가할 수 있다. 예를 들어 높은 수 두 장은 곱하기하고 나머지 한 장은 빼기를 하게 할 수 있다.

✤ **술래의 수를 늘리면 보다 활동적인 게임이 되요!**

33. 정글짐 술래

적용 학년	초등	준비물	정글짐, 라인기, 콘
장 소	실외	준 비	정글짐을 중심으로 3-5m 바깥쪽으로 영역 그려주고 콘으로 모서리 세우기

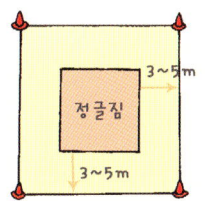

원숭이(도망가는 친구)들은 타잔(술래)을 피해 도망가요!

원숭이는 영역 안과 정글짐을 자유롭게 다닐 수 있어요!

단, 타잔은 정글짐 위로 올라갈 수 없어요!

"오~ 오~오~~~!" 타잔 술래를 피해 정글짐 안을 도망다니는 술래 게임으로 태그된 원숭이는 정글짐을 잡고 있어야 하고, 아웃되지 않은 원숭이가 하이파이브를 해주면 다시 살아나는 협력 술래 게임입니다.

이렇게 실시해요!

1) 전체 가위 바위 보로 타잔 술래를 두세 명(30명 기준)을 정한다.

2) 타잔은 게임장 밖에 있고, 원숭이들은 정글짐과 영역 안에 들어가 있는다.

3) 시작 신호에 타잔이 원숭이들을 쫓고, 원숭이는 정글짐에 올라가거나 그 영역 안에서 도망 다닌다.

4) 타잔에게 원숭이가 태그되거나 도망가다 게임장을 벗어나면 그 원숭이는 지면에 발을 댈 수 없고 정글짐에 올라가 정글짐을 잡고 있어야 한다.

5) 태그된 원숭이를 구해주려면 정글짐을 잡고 있는 원숭이에게 가서 하이파이브를 해주면 다시 게임에 참여할 수 있다.

6) 모든 원숭이를 아웃시켜 정글짐을 잡게 하면 타잔들이 이기게 된다.

7) 일정한 시간동안 게임을 진행한 후 새로운 타잔을 정해 게임을 이어간다.

양수샘이 들려주는 활동 Tip

❋ 아웃된 원숭이는 지면에 발을 댈 수 없어요!

　아웃된 원숭이는 정글짐의 첫 번째 칸을 잡으면 발이 닿게 되므로 두 번째 칸 이상 올라가 매달려야 한다.

❋ 안전 지도를 철저히 해요!

　정글짐 사이로 오르락내리락 하면서 머리를 정글짐에 부딪치거나 떨어질 수 있으므로 안전 지도를 철저히 한다.

III. 마음껏 뛰며 하나되는, 신나는 술래놀이

✤ **정글짐에 다리를 걸어 거꾸로 매달려 봐요!**

태그된 원숭이가 정글짐에 다리로 걸어 매달려 있다. 태그된 원숭이를 구하려면 아무 신체부위나 터치해 주면 살릴 수 있는 것으로 한다.

✤ **타잔에게 안대를 씌워요!**

원숭이가 도망갈 수 있는 곳을 정글짐으로 제한하고, 3~4명의 타잔 모두에게 안대를 쓰게 한다. 타잔들은 앞이 보이지 않으므로 정글짐을 손으로 더듬더듬 잡으며 원숭이들을 태그하러 다녀야 한다. 타잔이 안대를 쓴 채 정글짐을 올라가는 것은 위험하므로 원숭이도 세 번째 칸 이상 올라갈 수 없도록 한다.

양수샘이 들려주는 체육수업 비법 ①

무궁화 꽃이 피었습니다

✱ **준비물 : 체육관의 벽, 또는 체육시설**

어렸을 때 즐겨 했던 추억의 놀이로 술래가 "무궁화 꽃이 피었습니다!"라고 외치자마자 뒤를 돌아보았을 때 움직이고 있으면 안 되는 놀이이다. 이 놀이를 다양한 방법으로 변형하면 학급에서도 즐겁게 실시할 수 있다.

✱ **일반적인 게임**

술래가 "무궁화 꽃이 피었습니다."라는 말을 마침과 동시에 뒤를 돌아본다. 이때 출발선에서 술래를 향해 오던 친구들이 움직이다 술래에게 걸리면 술래와 손을 잡아야 한다. 술래에게 걸린 친구들이 계속 손을 연결하여 잡는다. 이 친구들을 구하기 위해서는 서로 잡고 있는 손을 끊어주고 출발선 안쪽까지 빨리 도망가야 한다. 도망가다가 술래에게 태그되면 그 친구가 새로운 술래가 된다.

✱ **변형 1 - 교실 무궁화 게임**

교실 칠판을 보고 술래 한 명이 선다. 나머지 친구들은 하교할 준비를 마치고 의자에 앉아 시작한다. 술래는 "자네 지금 하교하는 건가?"라고 말하고 뒤돌아본다. 술래가 말하는 동안 친구들은 뒷문을 향해 움직일 수 있지만 술래가 뒤돌았을 때 의자를 빼거나 움직이는 모습을 들키면 원래대로 의자에 앉아야 한다. 술래에게 걸리지 않고 뒷문 밖으로 나가는데 성공하면 그대로 하교하면 된다.

Ⅲ. 마음껏 뛰며 하나되는, 신나는 술래놀이

❋ 변형 2 - 술래는 왕!

출발하여 술래를 향해 오다가 술래에게 들키면 출발선으로 되돌아가야 하는 변형 게임이다. 술래에게 들키지 않고 가까이 다가가 술래를 태그하는데 성공하면 그 친구가 새로운 왕이 되어 술래가 된다.

❋ 변형 3 - 친구와 붙기

출발은 혼자 했더라도 술래가 돌아보는 순간에는 친구와 어느 신체부위라도 붙어 있어야 하는 게임이다. "무궁화 꽃이 피었습니다." 말이 끝나기 전에 친구와 붙어야 하며 바로 전에 붙었던 친구와는 붙을 수 없다. 여러 친구들과 만나게 하는 것이 포인트!

❋ 변형 4 - 술래가 주문한 동작만 하기

"무궁화 꽃이 피었습니다."라는 말이 끝나기 전에 술래가 정해준 동작을 하고 있어야 한다. 예를 들어 우사인 볼트(100m 세계기록보유자)의 하늘을 두 손으로 가리키는 동작, 화장실에서 힘주는 장면, 김연아처럼 한 쪽 다리를 드는 우아한 동작 등 원하는 동작을 미리 술래가 주문하게 한다.

217

✵ 변형 5 - 특정 신체부위를 지면에 대도록 하기

게임 장소가 실내라면 술래가 미리 특정 신체 부위를 지면에 대도록 정해주게 한다. 뒤돌아보기 전에 배, 등, 두 손 등을 정해진 대로 지면에 대고 있어야 한다. 술래에게 쉽게 올 수 없고 운동량이 늘어나는 장점이 있다.

✵ 변형 6 - 창의적인 아이디어로 다른 말을 활용하기

술래의 이름을 넣어 "○○꽃이 피었습니다."라고 외치게 한다. 또는 "웃음꽃이 피었습니다."라고 외치고 술래가 뒤를 보았을 때 웃지 않고 있는 친구는 원래 위치로 가게 하는 방법도 있다.

✵ 변형 7 - 비석꽃이 피었습니다 - 비석 활용하기

술래 1m 뒤에 비석을 세운다. 다른 친구들은 손 등 위에 비석을 올려두고 술래가 보지 않을 때마다 다가간다. 움직이다가 들켰거나 비석을 떨어뜨리면 술래와 손가락을 건다. 술래가 안 볼 때 비석을 떨어뜨려 술래의 비석을 쓰러뜨리면 안전지대로 도망가고 맞히지 못했으면 손가락을 걸어야 한다.

34 직진으로만 달려

적용 학년	초·중·고
장 소	실내
준 비 물	식별조끼, 라인기
준 비	두 팀으로 나누기

 체육관 바닥에 복잡하게 그려진 라인도 수업에 활용할 수 있어요! 라인을 따라 직진으로 걷거나 뛰면서 상대팀 친구를 태그하거나 가위 바위 보로 아웃시키고, 아웃된 우리 팀원도 부활시켜 봅시다.

양수샘이 들려주는 체육수업 비법 ①

 **이렇게 실시해요!**

1) 두 팀으로 나눈 다음 가위 바위 보로 한 팀은 식별조끼를 입는다.

2) 우리 팀과 상대 팀 상관없이 모두 2m 이상 떨어져 자기가 서고 싶은 체육관 바닥 라인을 밟고 선다.

3) 직진만 할 수 있고, 교차된 다른 선을 만나면 방향을 바꿀 수 있다.

4) 뒤로 돌 수 없고, 후진할 수 없다.

5) 선을 따라 가다가 상대 팀이 보이면 쫓아가 등이나 어깨를 태그하여 아웃시킬 수 있다. 아웃된 친구는 선 옆으로 40cm 이상 떨어져 쪼그려 앉는다.

6) 선을 따라 가다 상대팀원과 정면으로 만나면 둘이 가위 바위 보를 한다. 이기면 전진하고, 지면 아웃되어 선 옆으로 나와 쪼그려 앉는다.

7) 가위 바위 보를 하고 있는 팀원은 태그할 수 없다.

8) 선을 따라 가다 같은 팀원과 정면으로 만나면 둘 다 아웃되어 선 옆에 나와 쪼그려 앉아야 한다.

9) 같은 팀원을 살려주려면 아웃된 팀원이 있는 선을 따라 가다 쪼그려 앉은 팀원의 머리를 쓰다듬어주면 다시 게임에 참여한다.

10) 정해진 시간동안 게임을 하여 더 많은 인원을 아웃시킨 팀이 이긴다.

양수쌤이 들려주는 활동 Tip

✤ **남학생 대 여학생으로 운영해 보세요!**

   학급에서 적용할 때에는 남학생 대 여학생으로 운영할 수 있다. 이때에는 여학생은 뒤로 돌아설 수 있도록 허용한다. 단, 3분 안에 남학생 모두를 아웃시키지 못하면 여학생이 패하도록 한다.

✤ **따로 떨어진 선으로는 갈 수 없어요!**

   아무리 가까이 있는 선이라도 다른 선으로 넘어갈 수 없고, 다른 선 옆에 쪼그려 앉은 우리 팀원의 머리에 손이 닿더라도 그 선에 가지 않으면 구할 수 없다.

✤ **운동장에서도 할 수 있어요!**

   라인기로 직선, 곡선 등 다양하게 그려서 운영해 보자.

바꾸면 더 재미있어요!

✤ 발로 가위 바위 보 해요!

✤ 하이파이브를 하여 구해줘요!

✤ 4~5명의 술래를 정해 술래를 피하는 게임으로도 할 수 있어요!

35 진치기 술래

적용 학년	초·중·고
장　소	실내·외
준 비 물	식별조끼, 지주, 콘
준　비	축구 또는 농구 골대 지주를 중심으로 35m×35m 게임장

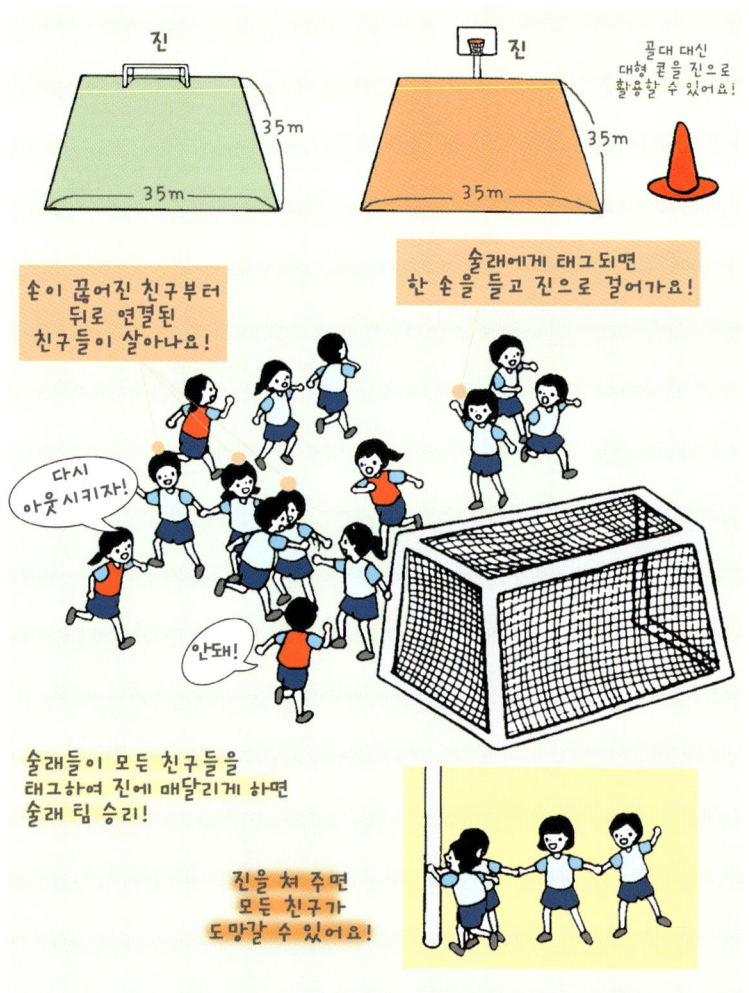

술래에게 태그된 친구는 진에 손을 대고 잡혀온 친구들끼리 손을 연결한다. 진을 쳐 주거나 손끼리 태그하거나 잡고 있는 손을 끊어주면 팀원을 살릴 수 있는 전략형 술래 게임이다.

Ⅲ. 마음껏 뛰며 하나되는, 신나는 술래놀이

이렇게 실시해요!

1) 운동장에 있는 축구골대나 농구골대 지주 한 쪽을 '진'으로 정한다.

2) 전체 가위 바위 보로 4~5명(30명 기준)의 술래를 정해 식별조끼를 입는다.

3) 시작신호에 술래들은 진을 지키거나 쫓아다니며 태그한다.

4) 술래에게 태그되거나 게임장 안을 벗어나면 진으로 가야 한다.

5) 아웃되어 진에 온 첫 번째 친구는 한 손으로 진을 잡는다. 또 다른 친구가 아웃되어 진에 오면 첫 번째 친구의 손을 잡고 선다. 아웃되는 친구가 생길 때마다 같은 방법으로 길게 늘어선다.

6) 아웃된 친구를 구하는 방법
   ① 맨 뒤에 있는 친구(가장 마지막으로 태그된 친구)의 손이나 몸을 쳐주면 그 친구만 도망갈 수 있다.
   ② 아웃된 친구들끼리 잡은 손을 끊어주면 끊긴 친구부터 뒤로 연결된 친구 모두가 도망갈 수 있다.
   ③ 진(골대 지주)을 손으로 쳐 주면 아웃된 모든 친구들이 도망갈 수 있다.

7) 술래들은 역할을 나누어 진을 지키는 술래를 정하고 아웃된 친구들을 구하러 온 친구들을 태그하게 할 수 있다.

8) 진을 치거나 아웃된 친구의 손을 치려다 술래에게 태그되어도 아웃되어 맨 뒤에 서야 하며 친구들을 구하지 못한 것이 된다.

9) 술래가 모든 친구들을 태그하여 진에 매달리게 하면 술래 팀이 이긴다.

10) 정해진 시간 동안 게임을 한 후 새로운 술래를 정해 게임을 이어간다.

양수샘이 들려주는 체육수업 비법 ①

양수샘이 들려주는 활동 Tip

✠ **아웃되었음을 한 팔을 들어 알려요!**

아웃된 친구들이 진으로 걸어갈 때 그냥 걸어가면 아웃된 친구인지 구해주려는 친구인지 구분이 어려우므로 한 쪽 팔을 들고 진으로 가게 한다.

✠ **대형 콘을 활용해 보세요!**

축구나 농구골대 지주는 충돌할 경우 다칠 수 있으므로 큰 고깔콘이나 가벼운 지주 등을 진으로 활용하는 것도 좋다.

✠ **선생님은 진 옆에서 심판을 해 주세요!**

✠ **이성친구끼리 손 잡기를 꺼려한다면?**

고학년은 이성친구와 손을 잡지 않으려 해 게임의 흐름을 방해할 수 있다. 게임 전에 손을 잘 잡을 수 있도록 엄격히 지도한다.

✠ **실외 활동으로 적합해요!**

36. 왕을 구해라!

적용 학년	초·중·고
장　　소	실내·외
준 비 물	식별조끼, 후프 2개
준　　비	50m×40m 게임장

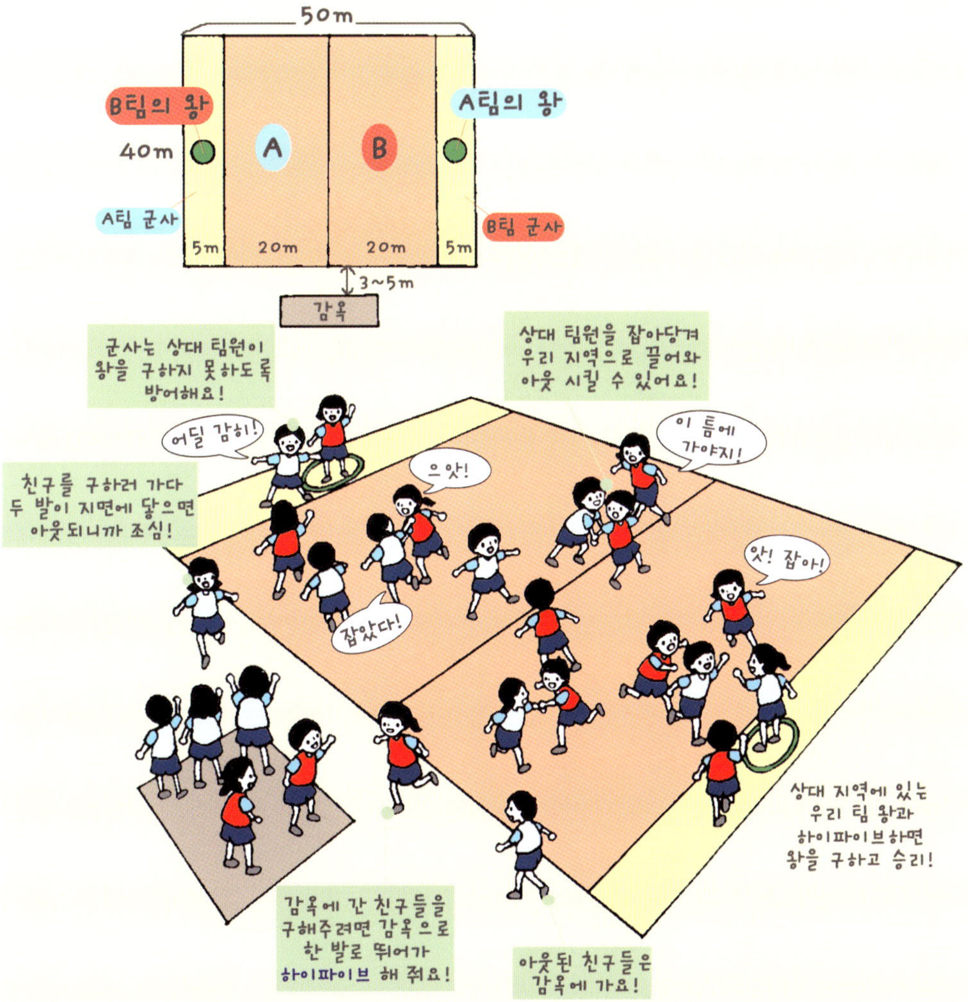

상대 영역의 후프 안에 갇힌 우리 왕과 하이파이브를 하면 왕도 구하고 승리도 하게 되는 팀 대항 전략형 술래 게임입니다.

양수샘이 들려주는 체육수업 비법 ①

이렇게 실시해요!

1) 두 팀으로 나누고, 가위 바위 보 하여 한 팀은 식별조끼를 입는다.

2) 시작 신호에 따라 중앙선을 넘어 상대 영역으로 들어갈 수 있고, 상대 영역에서 상대 팀원에게 태그되면 아웃되어 감옥에 들어가야 한다.

3) 중앙선(경계지역)에서는 서로 손으로 잡아 당겨 우리 지역으로 끌어와 아웃시킬 수 있다.

4) 감옥에 들어간 우리 팀원을 구해주려면 감옥에 있는 팀원과 하이파이브를 해 주면 된다. 단, 게임장과 감옥 사이를 지날 때는 한 발로 뛰어가야 한다. 만일 친구를 구하러 가거가 구하고 돌아오는 길에 한 발로 뛰어 가다가 균형을 잃어 나머지 한 발이 지면에 닿으면 그 친구도 아웃되어 감옥에 가야 한다.

5) 우리 팀 왕이 있는 지역에는 한 명의 상대 팀 군사만이 들어가 수비할 수 있고, 왕을 구하러 가는 팀원들은 여럿이 들어갈 수 있다.

6) 왕은 후프 밖으로 나올 수 없고, 상대 군사를 밀거나 잡아 수비를 방해해서는 안 된다.

7) 상대방 영역 후프 안에 있는 우리 왕과 하이파이브를 하면 왕을 구하고 승리하게 된다.

8) 정해진 시간 동안 게임을 한 후 새롭게 전략을 짜서 게임을 이어간다.

양수샘이 들려주는 활동 Tip

✠ 서로 상대 팀 왕을 지목하게 해요!

상대 팀의 왕을 지목하게 하면 상대 팀원 중 운동기능이 좋은 학생이 활약하지 못하도록 왕을 시키는 전략을 활용하게 된다. 단, 왕은 한 번만 할 수 있게 하여 여러 학생들이 왕을 경험하게 하자.

✠ 아웃되어 감옥에 갈 때는 한 팔을 높이 들어 알려요!

 바꾸면 더 재미있어요!

❊ 상대 지역에 임시 피난처를 만들어요!

　　상대 지역에 들어가면 상대 팀원에게 쉽게 태그될 수 있으므로 원을 작게 그려주거나, 후프를 놓아두고 임시피난처(10초만 이용)로 활용할 수 있다.

❊ 왕과 하이파이브에 성공한 친구를 다음 경기에서는 퇴장시켜요!

　　상대 팀에 승리를 안겨준 운동기능이 좋은 친구가 다음 게임에는 참여하지 못하게 하는 찬스 카드를 만든다. (예> 넌 너무 잘해. 한 번만 빠져줘! 카드) 진 팀에서도 포기하지 않고 희망을 가지고 참여할 수 있다.

37	잡아라! 술래	적용 학년	초·중·고
		장　　소	실내·외
		준 비 물	원마커, 식별조끼, 초시계
		준　　비	20m×10m 게임장

공격 팀은 게임장 바깥선을 따라 자유롭게 서 있다가 미리 정한 순서에 따라 게임장에 들어와 술래를 피해요. 수비 팀은 술래와 등을 보이고 서 있는 팀원을 효과적으로 활용하는 전략을 세워야 해요.

III. 마음껏 뛰며 하나되는, 신나는 술래놀이

이렇게 실시해요!

1) 두 팀으로 나누고, 가위 바위 보로 한 팀은 식별조끼를 입는다.

2) 주장의 가위 바위 보로 먼저 공격할 팀을 정한다.

3) 공격 팀은 팀원끼리 모여 공격할(도망다닐) 순서를 정한다. 15명이라면 1번에서 15번까지 정하고, 게임장 바깥쪽 선을 따라 서되 순서에 관계없이 1m 이상 떨어져 선다.

4) 수비 팀 인원이 15명이라면 14개의 원마커를 중앙선에 깔아주고, 첫 술래를 제외한 14명의 친구들이 원마커에 한 명씩 선다.

5) 수비가 원마커에 설 때에는 번갈아 180도 방향을 바꿔 반대 방향을 보게 선다.

6) 공격팀의 1번이 경기장 안에 들어오고, 수비팀의 첫 술래는 반대편 경기장에 선다.

7) 시작 신호에 따라 교사는 초시계로 기록을 측정하기 시작하고, 술래는 공격팀원을 태그해야 한다.

8) 공격팀원은 수비팀원 사이로 중앙선을 자유롭게 건널 수 있고, 게임장 양끝을 넘나들며 수비를 피해 도망갈 수 있다.

9) 수비팀원(술래)은 중앙선을 넘어갈 수 없다. 대신 등을 보이고 서 있는 우리 팀원을 터치하고 원마커에 선다. 터치된 수비 팀원은 새로운 술래가 되어 건너편 영역으로 공격 팀원을 쫓아갈 수 있다.

10) 1번 공격자가 술래에게 태그되면 2번 공격자가 "2번!"을 외치며 게임장에 들어와 도망다니게 되고, 이런 방법으로 공격 팀 전원이 돌아가면서 피하게 된다.

11) 공격 팀의 마지막 15번 친구가 아웃될 때까지의 시간을 재어 그 팀의 기록으로 한다.

12) 수비 팀과 역할을 바꾸어 진행하여 더 오랫동안 공격한 팀이 이긴다.

양수샘이 들려주는 활동 Tip

✤ **공격 기회를 두 번씩 주세요!**

공격 친구가 게임장에 들어서자마자 바로 앞에 수비가 있어 허무하게 아웃되는 경우가 생길 수 있다. 전원이 아웃되면 초시계를 일시 정지 시켜두고, 상대 팀 몰래 새롭게 공격 순서를 정해 다시 공격할 기회를 준다.

✤ **술래를 바꿀 때에는 살짝 터치해요!**

등을 보이고 있는 우리 팀원과 술래를 바꿀 때 너무 세게 밀지 않도록 하고, 바로 원마커에 서 게임에 방해 되지 않도록 한다.

✤ **공격 순서를 쪽지에 적어 무작위로 뽑은 후 활용해요!**

공격 순서를 정한 후 흩어져 공격 하다보면 자신이 몇 번째인지 잊을 수 있다. 쪽지에 번호를 적어 공격 순서 정할 때 나눠주는 방법도 고려해 보자.

바꾸면 더 재미있어요!

✤ **술래도 수비팀원의 양끝을 통해 건너편에 갈 수 있게 해요!**

수비팀원들이 서 있는 줄 양끝을 돌아 건너편에 갈 수 있게 한다.

✤ **수비팀원에게 초능력을 주세요!**

수비팀원 중 한 명에 한하여 술래가 되었을 때마다 건너편으로 한 번씩 넘어갈 수 있는 초능력을 주고, 학생들이 초능력을 어떻게 활용할지 전략을 세우도록 해 보자.

38. 통일놀이 업그레이드

적용 학년	초·중·고
장 소	실외
준 비 물	식별조끼, 초시계, 콘
준 비	20m×10m 게임장

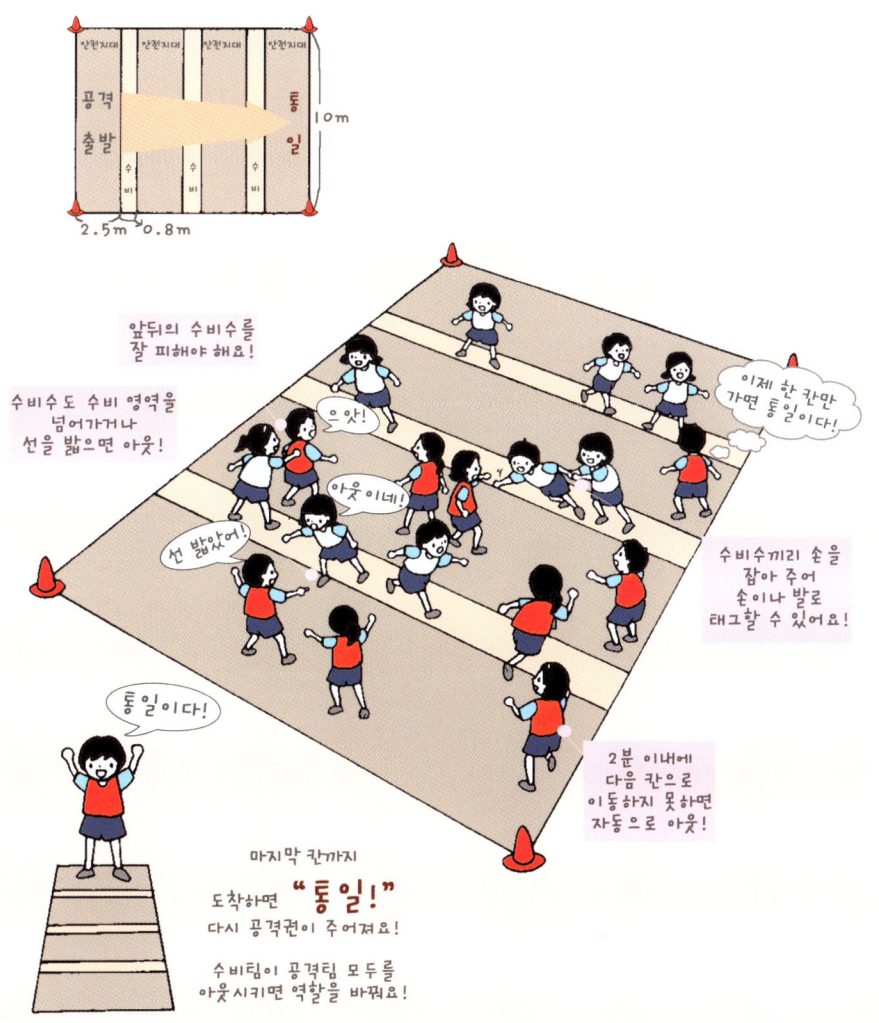

칸과 칸을 넘어 마지막 안전지대에 들어가면 통일!
하지만 칸과 칸 사이에는 우리를 아웃시킬 수비수들이 지키고 있어요.
수비수들을 피해 통일에 성공할 수 있는 전략을 세워 봅시다.

양수샘이 들려주는 체육수업 비법 ①

 이렇게 실시해요!

1) 두 팀으로 나누고, 가위 바위 보 하여 한 팀은 식별조끼를 입는다.

2) 주장의 가위 바위 보로 먼저 공격할 팀을 정한다.

3) 공격 팀은 첫 번째 칸에 전원이 들어가고, 수비 팀은 칸과 칸 사이의 수비 지역마다 3~4명씩 들어간다.

4) 시작 신호에 따라 공격수는 다음 칸으로 넘어가야 하며, 수비수들은 공격수들이 다음 칸으로 넘어가지 못하도록 태그하여 아웃시켜야 한다.

5) 공격수가 다음 칸으로 건너가다가 수비 지역을 밟거나 수비에게 태그되면 아웃된다.

6) 수비수들은 앞쪽에 있는 공격수 뿐 아니라 다음 칸에 진출하여 뒤쪽에 있는 공격수에게도 손을 뻗어 태그할 수 있다.

7) 단, 수비수도 공격수를 태그하다가 안전지대에 신체의 일부가 들어가거나 선을 밟으면 아웃이다.

8) 수비수가 자신도 아웃되면서(자폭) 공격수를 태그한 경우 수비수만 아웃된다.

9) 공격수가 2분 이내에 다음 칸으로 넘어가지 않으면 자동으로 아웃된다.

10) 수비수들은 서로 손을 잡아 연결하여 중심을 잃지 않도록 한 후 손이나 발을 뻗어 공격수를 태그할 수 있다.

11) 공격수 중 한 명이라도 마지막 안전지대에 도착하면 통일이 되고, 아웃되었던 모든 친구들이 살아나 다시 공격을 하게 된다.

12) 수비 팀이 공격 팀을 모두 아웃시켜 통일에 실패하면 역할을 바꿔 실시한다.

13) 정해진 시간 동안 게임을 하여 공격을 더 많이 실시한 팀이 이긴다.

III. 마음껏 뛰며 하나되는, 신나는 술래놀이

양수샘이 들려주는 활동 Tip

✳ **출발지로부터 마지막 안전지대까지 왕복해야 통일되는 것으로 바꿔 봐요!**

✳ **공격 팀이 계속 통일을 시키면 수비 팀은 공격 기회가 없어요!**

　이런 경우 공격 팀의 동의를 얻어 수비 팀도 공격을 해 보도록 하거나 양 팀이 한 번씩 공격을 번갈아가며 실시해 더 빠른 시간 내에 통일을 시킨 팀이 이기는 방법으로 진행할 수 있다.

✳ **안전 지도를 철저히 해요!**

　수비수 사이로 공격자가 통과할 때 서로 태그하려다 충돌이 생길 수 있다.

✳ **아웃된 친구들이 보조심판이 되요!**

　아웃된 친구들은 수비 지역의 옆에 서서 태그되었거나 선을 밟아 아웃되는 친구들을 찾아내는 보조심판이 되게 한다.

✳ **안전지대와 수비지역의 너비를 조정해요!**

　게임 전에 교사는 공격과 수비 칸에서 팔을 뻗어보고 학생들이 게임하기에 적정한 거리인지 확인한다.

바꾸면 더 재미있어요!

�ખ '통일 럭비' 게임으로 변형해 봐요!

공격 팀에게 두 개의 공을 나눠주고, 공격 팀원 중 두 명이 각각 하나씩 공을 들고 출발한다. 공과 사람이 함께 안전지대에 도착해야 공격권을 획득할 수 있다. 공격은 다음 칸으로 우리 팀이 넘어갔을 때 공을 패스할 수 있다. 단, 패스로 공을 보낼 수 있는 거리는 딱 한 칸이다. 공격수가 공을 놓치거나 패스하다가 수비에게 빼앗겨 두 공을 모두 잃으면 수비 팀이 공격권을 가져올 수 있다.

�ખ 스카프를 활용해 수비수를 아웃시켜요!

수비수 각자의 허리 뒤쪽에 스카프를 꽂거나 플래그를 달아 공격수가 수비수의 스카프를 빼내면 수비를 아웃시킬 수 있다는 규칙을 추가한다. 이때 공격수가 스카프를 빼내다가 수비수의 신체부위를 건드리면 공격수가 아웃된다.

39. 코코 술래

적용 학년	초·중·고
장 소	실내·외
준 비 물	식별조끼, 초시계, 콘
준 비	20m×5m 게임장

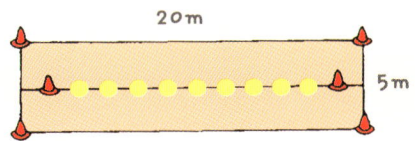

쫓는 술래와 쪼그려 앉아 있는 수비수들이 서로 협력하여 공격수를 아웃시켜야 하는 인도의 팀 대항 전략형 술래 게임입니다.

이렇게 실시해요!

1) 두 팀으로 나누고, 가위 바위 보로 한 팀은 식별조끼를 입는다.

2) 주장의 가위 바위 보로 먼저 공격할 팀을 정한다.

3) 수비 팀에서는 첫 술래 한 명을 정해 공격이 들어오는 반대 칸에 선다. 나머지 수비수들은 중앙선의 원마커에 한 명씩 180도 방향을 바꿔 앉는다.

4) 공격 팀에서는 공격 순서를 정한 후 첫 번째부터 세 번째 공격수까지 게임장 안에 들어와 선다.

5) 시작 신호에 따라 교사는 초시계로 시간을 재고, 술래는 공격수를 쫓고 공격수는 술래를 피해 게임장 안에서 도망 다닌다.

6) 이때 술래는 수비수 사이로 건너갈 수 없다. 단, 수비수 양 끝의 고깔콘 바깥쪽으로 돌아 건너 칸으로 갈 수 있다.

7) 공격수는 수비수 사이로 자유롭게 건너다닐 수 있다.

8) 술래는 쪼그려 앉아 있는 수비수들 중 등을 보이는 친구를 터치하여 그 친구가 술래가 되게 할 수 있다. 터치한 후에는 바뀐 술래가 있던 원마커에 바로 앉아야 한다.

9) 술래가 공격수를 태그하여 아웃시키면 아웃된 공격수는 대기줄의 맨 뒤로 가고, 다음 순서인 공격수가 게임장 안으로 들어가 공격수는 세 명이 유지되게 한다.

10) 공격수들이 아웃되어 더 이상 나올 공격수가 없을 때까지의 시간을 재어 공격 팀의 기록으로 한다.

11) 공격과 수비의 역할을 바꿔 진행하고, 더 오랜 시간 동안 공격한 팀이 이긴다.

Ⅲ. 마음껏 뛰며 하나되는, 신나는 술래놀이

양쌤이 들려주는 활동 Tip

✠ '두 목숨 제도'를 활용해요!

　공격수 전원이 아웃되면 이어서 공격권을 한 번 더 줄 수 있다.

✠ 수비 팀의 협력과 전략이 중요해요!

　수비 팀의 최선의 전략은 등을 보이는 우리 팀 수비수와 도망 다니는 공격수가 근접해 있을 때 술래를 바꿔주는 것이다. 수비 팀이 전략을 활용하도록 교사가 피드백을 제공해야 한다.

✠ 한 쪽 무릎을 세우고 앉아요!

　쪼그려 앉을 때 한 쪽 무릎은 지면에 대고 반대 무릎은 세워야 바로 출발이 가능하다.

바꾸면 더 재미있어요!

✠ 원마커 위에 서 있어요!

　'잡아라! 술래게임'과 같이 원마커에 있는 친구들이 서서 준비하게 바꿔본다.

✠ 콘을 놓는 대신 양끝 수비수 바깥으로 돌아요!

✠ 중앙선 가운데에 술래가 건널 통로를 만들 수 있어요!

　중앙선 가운데에 원마커를 놓지 않은 빈 공간을 1m 만들어 콘을 세워 표시한 후 술래가 건너갈 수 있는 통로로 활용할 수 있다.

39. 크크 술래

양수샘이 들려주는 체육수업 비법 ①

40 변형 카바디

적용 학년	초·중·고
장　　소	실내·외
준 비 물	배구공, 식별조끼, 스카프
준　　비	12m×9m 게임장

카바디는 고대 인도의 병법에 기원을 두고 있는 격투기와 술래잡기를 결합한 게임으로 1990년 중국 베이징 아시안 게임(11회)에서 최초로 정식 종목으로 채택되었답니다.
보다 안전하게 즐기기 위해 공과 스카프를 활용해 봅시다.

III. 마음껏 뛰며 하나되는, 신나는 술래놀이

이렇게 실시해요!

1) 두 팀으로 나누고, 참가자 전원이 스카프나 플래그를 모두 착용한다.

2) 팀 구분을 위해 주장끼리 가위 바위 보 하여 진 팀은 식별조끼를 입고, 이긴 팀이 먼저 공격한다.

3) 공격 신호가 주어지면 첫 번째 공격자가 공 한 개를 들고, 5초 이내에 중앙선을 넘어 상대 영역으로 가 상대 수비수들을 태그해야 한다. 이때 상대편은 보크라인 뒤쪽에 있다가 공격수가 중앙선을 넘어오면 보크라인 밖으로 나와 방어할 수 있다.

4) 공격자 한 명당 주어진 시간은 30초로, 30초 이내에 공격하고 자기 영역으로 돌아와야 한다.

5) 상대 영역으로 들어간 공격자는 공을 가진 두 손으로 태그하거나, 한 쪽 손에 공을 들고 나머지 한 손으로 태그하여 아웃시킬 수 있다.

6) 만일 두 명을 태그하여 아웃시키고 중앙선을 넘어오면 아웃시킨 상대 수비수만큼 2점을 획득하게 된다.

7) 수비수도 공격자를 아웃시킬 수 있다. 공격자의 공을 쳐서 떨어뜨리거나 공격자 뒤에 꽂혀 있는 스카프를 빼내는 방법이다.

8) 수비수가 공격자를 아웃시키려다 공격자의 신체 부위를 건드리면 수비수가 아웃된다. 또한 공격을 피하다가 게임장을 벗어난 경우에도 아웃이다.

9) 공격자가 수비를 태그하여 몇 명을 아웃시켜도 중앙선을 넘어오기 전에 그 공격자가 아웃되면 아웃시킨 것은 무효가 되며 아웃되었던 수비수들은 다시 부활하게 된다.

10) 공격자의 공격 시간 30초 이내에 중앙선을 넘어오지 못하면 그 공격은 무효가 된다.

11) 공격은 양 팀에서 한 명씩 번갈아가면서 실시한다.

12) 아웃되어 게임장 바깥으로 나간 우리 팀원을 살리려면 공격을 통해 얻은 점수만큼 차감하고 살릴 수 있다.

13) 양 팀의 모든 친구들의 공격이 끝나면 두 팀 중 점수가 높은 팀이 이긴다.

 양수샘이 들려주는 체육수업 비법 ①

양수샘이 들려주는 활동 Tip

✤ **여학생을 배려해 주세요!**

소심한 여학생이 공격자가 되어 중앙선을 넘어오면 상대 팀의 운동기능 좋은 남학생들이 재빨리 공을 치거나 스카프를 빼내 여학생을 아웃시켜 버린다. 이를 위해 여학생이 공격할 때에는 상대 팀의 여자 수비수들만 공격자를 아웃시킬 수 있게 하자.

✤ **아웃된 순서대로 서 있어요!**

아웃되어 게임장 밖에 나간 수비수들은 아웃되어 나온 순으로 서 있어야 공격 득점을 얻을 때마다 순서대로 살려줄 수 있다.

✤ **실제 카바디 게임의 규칙도 학년성에 맞게 적용해 보세요!**

아이들이 '변형 카바디'에 능숙해지면 원래 카바디 게임의 규칙을 학년성에 맞게 수정하여 시도해 보도록 한다.

 바꾸면 더 재미있어요!

✤ **여학생은 스카프만 끼고 공격해요!**

공을 들게 하는 것은 공격자가 손을 쉽게 사용하지 못 하도록 핸디캡을 주는 것이다. 따라서 여학생의 경우 공은 들지 않고, 스카프나 플래그만 끼고 공격하도록 배려해 줄 수 있다.

✤ **양 팀의 에이스는 좀더 불리하게 해 주세요!**

양 팀의 에이스(가장 잘 할 것 같은 친구) 한두 명을 상대 팀에서 지목하게 한다. 지목된 에이스는 스카프를 허리 뒤 뿐 아니라 허리의 양 옆까지 두 개를 더 끼우도록 핸디캡을 줄 수 있다.